巻頭折り込み

リーダーの悩みを

解決する

34の本質

をチェック!

武将に学ぶ

マネジメントの本質34

リーダーは

日本史に

学べ

著

増田賢作

監修

小和田哲男

歴史学者・静岡大学名誉教授

リーダーの悩みを
解決するための
一覧はコチラ!

OPEN

ダイヤモンド社

リーダーの悩みを解決する34の本質

武将が語る「成功と失敗」に学べば、マネジメントの本質が身につきます。（詳しくは本文の該当

人

モノ

お金

情報

目標

健康

リーダーは日本史に学べ

武将に学ぶマネジメントの本質34

はじめに

リーダーに求められる3か条とは？

あなたは現在、リーダーの立場にいるでしょうか。それとも、現在はリーダーでなくても、将来リーダーになることを目指しているでしょうか。

本書でいうところのリーダーとは、組織の大小を問わず、経営者や中間管理職、チームリーダー、それにアルバイトのバイトリーダーも含みます。なにかしらの成果の実現に向けてメンバーを引っ張る立場の人であれば、それはリーダーということです。

では、そんなリーダーに求められることは、なんでしょうか？

私は、次の3つだと考えています。

リーダーに求められる3か条

1 **方針や計画を立て、組織が進むべき方向を示す**
2 **1に基づいて、「人」「モノ」「お金」「情報」をどのように使うのかを決める**
3 **2に基づいて、成果を生み出す**

この3か条を果たそうとするなかで、リーダーはさまざまな問題やトラブルに直面し、悩むことがあります。

たとえば、**「そんなに困難な仕事ではないはずなのに、部下がスムーズに進められずにいて、イライラしてしまう」**などというのは、多くのリーダーが直面する〝素朴にして深い悩み〟ではないでしょうか。

そんなとき、どのようにして問題解決に向かったらいいのでしょうか？

過去の上司を思い出し、その対応を参考にすることもあるでしょう。

しかし、過去の上司がパワハラ体質だったりして、リーダーとしての資質に問題があった場合、その上司を参考にしてしまっては、自分自身が問題あるリーダーになりかねません。

パワハラにしても、モラハラにしても、問題があるリーダーとは、このように連鎖して再生産されるケースがとても多いのです。

良いことも悪いことも、自分が受けた指導や体験した事柄は、部下や子供たちに無意識に伝えてしまいやすいわけです。

それでは、自分の経験以外に、どこから学べばいいのでしょうか。

その答えは、「歴史」にあります。**歴史上のリーダーとして名を残した人物に学び、実践する**ということです。

「えっ、歴史は遠い過去の話で、いまとは全然状況が違うから、学んでも意味がないのでは？」と感じる人も多いでしょう。じつは、かつては私自身も似たような考え方でした。

少なくとも、歴史上の人物たちのリーダー像が、現代にも通じるとは考えていませんでした。ところが、歴史に詳しくなることによって、その考え方は完全に覆されたのです。

解決策は歴史が教えてくれる

ここで、少し自己紹介させてください。私は中堅・中小企業の経営コンサルタントとして数々の著作があり、テレビなどマスコミにも出演することもある小宮一慶率いる「小宮コンサルタンツ」で、エグゼクティブコンサルタントをしています。

小学1年生のころから『徳川家康』などの本を読み、勉強もせずに「日本の歴史」シリーズを読みふけったことで、両親から本を隠されてしまうほどの**〝歴史オタク〟**です。

中高生のころは、図書館で歴史関連の本を読みあさっていました。いま振り返ると、自分の頭の中にいた歴史上の人物たちが、あのころの自分の親友だったのかもしれません。

いまも暇があれば、歴史に関わる学術書や解説書、小説を読んだり、テレビの歴史番組やNHK大河ドラマを楽しんだりしています。

そんな私でも長年、「歴史は歴史、現代は現代」と思い、歴史はあくまでも趣味であり、教養・雑学の域にとどまっていました。

その考えに大きな変化が起きたのは、経営コンサルタントとなり、多くのリーダーの方々が抱えている問題や悩みに直面するようになってからです。

経営者や管理職が抱える問題や悩みに日々耳を傾けていると、どこかで読んだこと、聞いたことがあるような話がたくさんあることに気づいたのです。

「そうか、経営者や経営幹部、それに職場のリーダーたちが抱えている悩みは、歴史上のリーダーたちが抱えていたものと同じじゃないか！」

もちろん、個別の具体的な事例には違いがあります。しかし、その本質的な部分には、共通点がたくさんあるのです。

前述した、「そんなに困難な仕事ではないはずなのに、部下がスムーズに進められずにいて、イライラしてしまう」という現代のリーダーが抱える悩みも、じつは歴史上のリーダーたちが抱えていたことなのです。

北条氏綱《うじつな》という戦国武将は、**「人に捨てるようなところはない。その人の長所を活用して、短所を使わない」**という言葉を残していますし、徳川家康も**「人にはそれぞれ長所があるので、自分の先入観を捨てて、ただ人の長所を活かすべきである」**と言っています。

このような歴史上のリーダーの考え方は、現代にも通じるものなのです。

歴史の教えをどう活かすか？

本書では、現代のリーダーの悩みを解決するため、歴史上のリーダーの考え方について紹介していきます。

ただし、表面的な考え方だけを理解しても、悩みは解決できないかもしれません。前述した北条氏綱や徳川家康の言葉を読んで、「そうだな」と納得しても、いざ職場に戻って自分ができることを部下ができなければ、またイライラしてしまうでしょう。

そこで、本書では歴史上のリーダーたちの考え方を踏まえつつ、現代のリーダーが具体的にどのように考え、行動していくべきかについても提示していきます。

さらに私が経営コンサルタントとして、多くのリーダーを支援するなかで直面したことやアドバイスしたことについても紹介します。

本書は、**経営の4大資源といわれる「人」「モノ」「金」「情報」に「目標」「健康」を加えた6つの経営資源で章立てして、歴史上のリーダーたちが残した経験や考え方を紹介**していきます。

また、本書のサブタイトルは「武将に学ぶマネジメントの本質34」としていますが、武将以外の江戸時代の名君や幕末・明治維新の志士や政治家などもとり上げています。

全体で34の見出しがありますが、複数の見出しで紹介している歴史上のリーダーもいます。とくに徳川家康は3つの見出しで触れていますが、これは私が家康に学んだことが多いこと、それに265年という長きにわたる江戸幕府の創始者として、現代のリーダーにも学ぶところが多い人物だと考えているためです。

各見出しの冒頭では、現代のリーダーも抱えそうな問題に対する歴史上のリーダーの言葉を提示しています。これは実際に歴史上のリーダーが語ったものではなく、歴史上のリーダーがとった対応を踏まえると、このように答えるのではないかと、わかりやすく表現したものです。

19世紀にドイツを統一した名宰相ビスマルクは、「**愚者は経験に学び、賢者は歴史に学ぶ**」と語ったとされます。

しかし、近年は歴史に対する興味・関心が、以前と比べて低下し、〝歴史離れ〟が進んでいるようにも感じられます。

歴史は長い人類の営みのなかで、成功したことも失敗したことも、その原因も含めて学ぶことができる〝人類最大の知的資産〟です。

そのなかには現代のあらゆる問題を解決するヒントがあるにもかかわらず、歴史離れによって活かされない状況があるならば、これほどもったいないことはありません。歴史には、単なるテクニックには収まらない、時代を超えて活きる原理原則がたくさんあるのです。

そのため、リーダーの立場にある人、またこれからリーダーになろうとする人には、ぜひ歴史に学んでいただきたい。**そして、ただ歴史を学ぶだけでなく、それをリーダーとして活かしてほしいのです。**

本書が、リーダーのあり方について歴史に学び、現代に活かせる1冊となれば、著者としてこれほどうれしいことはありません。

目次

第2章

モノは知恵で活かされる 095

第3章 お金は後からついてくる　141

第4章 情報を活かした者が勝負を制する 193

第5章 目標は言葉に表して、実現に向けて動くのみ

第1章

人を動かすリーダー力

リーダーの悩み

自分ができることを部下ができず、イライラしてしまいます

部下の長所を活かしてこそ、名リーダーというものだ

北条氏綱

北条氏綱

北条氏綱（1487〜1541年）は、戦国時代に関東地方を支配した後北条氏《ごほうじょうし》の2代目。後北条氏は初代・北条早雲《そううん》（1432〜1519年）が京都から流れてきて、伊豆国（伊豆半島）、相模国（神奈川）を平定《へいてい》したことから始まる。氏綱は早雲の子であり、早雲の時代から領地を拡大することができた。生き馬の目を抜く戦国時代に、着実に勢力を拡大した名君である。

「人に捨てるようなところはない」

北条氏綱は亡くなる前に、子の北条氏康《うじやす》（1515〜71年）に「五か条の遺言」を残しています。その2か条目（以下、引用は現代語訳）は、次の通りです。

「侍から農民にいたるまで、すべてを慈《いつく》しむこと。人に捨てるようなところはない」

なかなか言える言葉ではありません。この後に、次のように続きます。

「その人の長所を活かして、短所には目をつむる。どんな人でも、その人の長所を活かしてこそ、名将というものである」

どんな人でも長所を活かすという点に氏綱の信念を感じ、私は初めてこの言葉に触れたとき、鳥肌が立ちました。

この遺言を受けた氏康は、父親の教えをよく守り、家臣の強みを活かして、さらなる勢力拡大に成功したのです。

氏綱と同じような考えを持っていた戦国大名は、ほかにもいました。それは天下人となり、江戸幕府をつくった徳川家康です。

徳川家の歴史を書いた『御実紀《ごじっき》』（通称『徳川実紀』）の一節に、家康が次のように述べたくだりがあります。

「人の良し悪しを見るときに、どうかすると自分の好みに引っ張られて、自分が好きなほうを良しとするものだ。人にはそれぞれ長所があるので、自分の先入観を捨てて、ただ人の長所を活かすべきである」

これは氏綱の「その人の長所を活かして、短所には目をつむる」に通じるものがあります。

実際、徳川家康は家臣である本多忠勝や井伊直政といった武功に優れたものには、武将として活躍させる一方、本多正信などの知略に優れたものは参謀として活躍してもらうなど、それぞれの長所をうまく活用して天下人となりました。

北条氏綱

「アイツは使えない」と放置するのは〝必死〟ではないから

なぜ氏綱にしても、家康にしても、戦国時代を生きたリーダーが、このように考えたのでしょうか。それは、**生死をかけた〝領国経営〟をしていたから**です。

もし平和な時代で生死がかかっていなければ、短所しか目につかない人を「アイツは使えない」と放置しても、自分の生死には影響を及ぼしません。

しかし、失敗したら自分が死ぬかもしれないという状況の戦国時代であれば、限りある人材を有効活用しようという意識が強く働きます。

どんな人でも長所を見つけて活用し、総力戦で隣国大名に勝ちを収めようとするはずです。つまり、より多くの人の長所を活用したリーダーこそ勝利して生き残り、名将として名前を残せたわけです。

これこそ、氏綱が残した「どんな人でも、その人の長所を活かしてこそ、名将というものである」の真意なのです。

現代の組織運営であれば、「生死がかかっている」という状況にはなりません。ただし、経営者であれば、自分の判断によって組織が成長することもあれば、倒産に至ることもあります。

部門長やチームリーダーであれば、事業やチームの運営の成果によって売り上げや利益などの結果は変わってきます。

実際に死ぬことはないにしても、そのように組織の盛衰がかかっているのであれば、メンバーの短所には目をつむり、長所を最大限に活かすリーダーこそ、「名リーダー」といえるのではないでしょうか。

では、どのようにメンバーの長所を活かせばいいのか？　その点を知りたいですよね。

第一に、リーダー自身がメンバーの長所を見つけようとする姿勢が欠かせません。私自身もそうですが、人は意識しないと、他人の短所や欠点が目につくものです。

そうならないためには、コツがあります。自分のなかに「リーダーを演じる、客観的なもう1人の自分」を設定するのです。

そのリーダーを演じる自分は、「なぜ自分ができることを部下はできないのだろうか」という個人の感情はいったん脇において、「この組織をよくするためには、メンバーそれぞれの長所を活かさないといけない」という客観的な目的を持つようにするのです。

そもそも、「なぜこんなこともできないんだ」という部下に対する感情の多くは、「できる自分はスゴイ」という、ちょっとやっかいな〝無意識の自己顕示欲〟が背景にあったりするものです。

そのような潜在的な自己顕示欲は、メンバーの強みを見つける目を曇らせます。ですから、リーダーであるもう1人の客観的な自分は、そうした感情を抑えつつ、メンバーそれぞれの長所に目を配るようにしないといけません。


じつは氏綱の遺言では、先ほど紹介した内容に続いて、次のようなことが書かれています。

「**どんな者にも憐《あわれ》みをかけなさい。役に立つか立たないかは、すべて大将の心にあるのだ**」

大将が長所を見つける気持ちがあれば長所を役立てられますが、その気持ちがなければ長所を見つけられず、役立てられないということです。

この言葉からも、部下の長所を見つけられるかどうかは、リーダーの心がけ次第であることが伝わってきます。

組織の成長のために強みを活かすことを伝える

ただし、リーダーの視点だけでは、気づかない部下の長所もあります。

たとえば、リーダーの目が届かないところで、後輩の指導に熱心にとり組んでいるケースがあります。

そうしたケースをとりこぼさないためには、**自分の目だけでなく、ほかのメンバーや外部機関の目からも部下の長所を知ろうとすることです。**

具体的には、一緒に仕事をしているほかのメンバーから長所を聞いてみるのです。

そのためには、日ごろからとりとめのない雑談を含めたざっくばらんなコミュニケーションがあったほうがいいのですが、より定型的には同僚や部下を含む周囲が個人を評価する「360度評価」も長所の確認に活用できます。

さらに、外部機関の調査も、部下の長所の確認に活かせます。アメリカのギャラップ社が提供している「クリフトンストレングス」という調査は、メンバーの長所の確認に活用できます。

部下の長所が確認できたら、実際にどのように活用するのかを検討します。

具体的には、それぞれの長所が、どのような役割で活かせるかを検討していきます。たとえば、後輩の指導に日ごろから熱心な人なら、その強みを活かして、新人教育の担当者に抜てきすることも1つの手です。

ただし、役割を見直すときには、その人への丁寧な説明が欠かせません。たとえ強みを活かすための見直しだと伝えても、「いまの仕事を評価されていないから配置換えされるのかも」とネガティブにとらえる人もいるからです。

この見直しは、その人の強みを活かすとともに、組織の成長にとって大切な役割を担ってもらうためだということも伝えるのがポイントです。

そうすることによって自分が評価されていると感じ、配置換えすることを前向きにとらえて、高いモチベーションで仕事に臨めるようになりやすいのです。

私がかつて勤務していたコンサルティング会社でも、コンサルティングの案件がなかなか増えなくて苦しんでいるメンバーがいました。しかし、そのコンサルタントが強みとする組織・人事のコンサルティングに注力するようにしたことで、案件が増やせたのです。
北条氏綱が遺言で伝えたかった部下の強みの活用こそ、組織を成長させるためには必須になります。

人の長所を活かすためのポイント

1 まずはリーダー自身が、メンバーの長所を見つけようとする意識をもつ
2 自分の目だけでなく、第三者や外部機関の客観的な視点で長所を探る
3 役割を見直すときは、組織の成長のためにも強みを活かすことを伝える

リーダーの
悩み

カリスマ的な求心力のあるリーダーからチームの引き継ぎをすることになりましたが、自分が引っ張っていけるのか不安です

現在のリーダーの役割を自分だけで担わず、複数人で担う体制に移してみよ

毛利元《もと》就《なり》

毛利元就（1497〜1571年）は中国地方の戦国大名。当初は安芸国《あきのくに》（広島西部）の小領主であったが、子供たちを安芸国の領主（小早川氏・吉川氏）に養子として送り込み、両家をとり込むことなどで、戦国大名として成長する。また、初めは山陰の尼子氏《あまご》、後には山口の大内氏という大大名の配下に属し、保護を受ける。大内氏の当主、大内義隆（1507〜51年）がその家臣、陶晴賢《すえはるかた》（1521〜55年）のクーデターにより殺害されると、毛利元就は陶晴賢を厳島《いつくしま》（宮島）に誘い出し、厳島の戦い（1555年）で勝利。その勢いで大内氏を滅ぼした。その後、尼子氏との戦いでも勝利し、毛利氏は中国地方10か国を支配する大大名となる。

甘やかされて育った孫がリーダーでは心配だったけれど

毛利元就は一代にして、安芸国の小領主から、中国地方10か国を支配する大大名となりました。

この過程で毛利元就は、子供たちを小早川家・吉川家の養子として送り込んでとり込むような外交や、大内氏や尼子氏という大大名と戦う軍事など、多岐にわたって前線に立って指揮しました。

一代にして大大名となった元就は、カリスマ性も求心力もあり、家臣たちは心服していたことでしょう。

このように大きな成功を収めた元就ですが、後継者については問題を抱えていました。長男の毛利隆元《たかもと》（1523～63年）を後継者として期待しましたが、41歳の若さで亡くなったのです。

このとき、亡くなった隆元の子供、つまり元就の孫である毛利輝元《てるもと》（1553～1625年）がいましたが、まだ11歳でした。

当面、元就がトップを続けるにしても、すでに元就は60代後半。当時としては、いつ何があってもおかしくない年齢です。

しかし、11歳という若さに加え、大大名の後継者として甘やかされて育った孫の輝元に、元就と同じような役割を期待するのは、どう考えても難しい。

じつは長男の隆元が亡くなる前、元就は隆元と、吉川家に養子に出した次男の吉川元春（1530～86年）、小早川家に養子に出した三男の小早川隆景（1533～97年）の3兄弟に、**「三子教訓状」**という文書を届けています。

これは3兄弟に対して、3人の間に壁をつくらず、毛利家のために結束すべきであると伝えたものです。そうでなければ、3人とも滅びてしまうとも言及しています。

なお、毛利元就といえば「三本の矢の教え」が有名かもしれません。

これは元就が死の間際に3人の子供たちに、1本の矢ならすぐ折れるものの、3本の矢をまとめると、なかなか折れないことを実践させたうえで、「1本ずつなら折れる矢も、3本束になっていると容易に折れない。毛利の家も同じことで、3人がバラバラだと倒されてしまうが、3兄弟が結束すれば、他国から攻められ、倒されることはない」と教えたとされるものです。

この教え自体は、江戸時代の創作とされており、「三子教訓状」に着想を得たといわれているのです。

3兄弟は元就の教えに従い、長男の隆元が亡くなった後も、吉川元春、小早川隆景は、甥《おい》である毛利輝元を支えることとなります。

これを「**毛利両川《りょうせん》（吉川・小早川の両川）体制**」といいます。

甥の輝元を支えた吉川元春、小早川隆景ですが、２人はそれぞれの強みから役割分担をしていました。

武勇に優れ、また強力な軍隊をもつ吉川元春は軍事を担い、知性が高く、海を通じた情報収集ができる小早川隆景は外交を担ったのです。

このような吉川・小早川に支えられた輝元は、元就の死後、織田信長、豊臣秀吉の時代となっても、中国地方の大大名として存続することができました。

そして、豊臣政権の重臣となる五大老（豊臣政権の政務にあたった徳川家康・毛利輝元・上杉景勝・前田利家《としいえ》・宇喜多秀家の５人）にまでなっています。

リーダーの支えが崩れた途端、落ち目に……

しかし、吉川元春、小早川隆景の２人が亡くなってから、毛利家は落ち目になってしまいます。

豊臣秀吉の死後、関ヶ原の戦い（１６００年）において、毛利輝元は石田三成側である西軍の総大将となります。

ところが、当時の吉川家・小早川家の両当主からの協力が得られませんでした。吉川家は、徳川家康と内通していました。家康が勝利したとしても、毛利家が存続するようにという考えからではありましたが、毛利軍が関ヶ原の戦いに参加することを妨害したのです。

また、小早川家の当主、小早川秀秋（1582〜1602年）が、関ヶ原の戦いの終盤に西軍を裏切ったことは有名です。この結果、西軍は敗北し、毛利家は中国地方を支配する120万石の大大名から、長州（山口）のみを支配する36万石の大名に転落してしまったのです。

この結末は、毛利元就が築いた「毛利両川体制」が、元就死後の毛利家をいかに支えていたのかを逆説的に証明しています。

どんなリーダーであっても、いつかは次の人へ引き継がなくてはいけません。

その引き継ぎのとき、現在のリーダーが優秀で、メンバーを引っ張っていく求心力があればあるほど、後任のリーダーは不安も大きく、やりにくさを感じるものです。

「自分はあの人と同じようにできるのだろうか」とプレッシャーを感じ、「部下たちは、何かと前任の優秀なリーダーと比較するだろう」と気が重たくなるかもしれません。

これは経営者から管理職、チームリーダー、それにバイトリーダーに至るまで、共通していることです。


しかし、後任のリーダーは、必ずしも前任のリーダーと同じカリスマ性やスタイルを引き継ぐ必要はないのです。

前任のリーダーが果たした役割をすべて1人で引き継ぐのではなく、幹部となる部下と分担をすることもできます。私はコンサルティングの現場で、この方式を「**マネジメントチーム**」と呼んで推奨しています。

実際、毛利元就の死後、毛利輝元・吉川元春・小早川隆景で役割分担して承継した「毛利両川体制」は、戦国時代のマネジメントチームと評価できます。

1人ではなくマネジメントチームで引き継ぐ

それでは、求心力のあるリーダーから後任のマネジメントチームに承継するには、どのように進めればよいのでしょうか。

まずやるべきことは、現在のリーダーの仕事を一覧にして〝見える化〟することです。

このときのコツは、仕事の内容を分類して整理すること。分類というのは、たとえば「(顧客や取引先など)社外の対応」と「(部下や他部署など)社内の対応」に分けます。

また、所定の手続きで対応できる「事務対応」もあれば、トラブルや重要案件に対する「意思決定」もあります。

こうした「社外の対応」「社内の対応」「事務対応」「意思決定」などが一覧上の分類になってきます。

経営者や管理職であれば、社内外の人脈も重要な資産ですから、これも一覧にすることによって〝見える化〟します。

会社が所有する不動産や設備などは、経理・会計情報として一覧にされていますが、人脈は属人的で一覧にされていないことが多いです。

現在は名刺管理ソフトなど、省力化できるツールもありますから、活用するのも一手でしょう。

次に、**現在のリーダーの仕事を一覧にしたものをベースに、後任のリーダーや幹部メンバーがどのように役割分担するかを決めていきます。**

「社外の対応」はできるだけリーダー自らが担いつつ、「社内の対応」は幹部ができるものは分担しましょう。

「毛利両川体制」においても、吉川元春が軍事を、小早川隆景が外交を担うことで、各自の強みを活かした役割分担をしました。

とくに小早川が外交を担ったことで、織田信長の死後、対立していた豊臣秀吉との関係を交渉により友好的なものにシフトすることができ、毛利家は大大名として存続することができました。

ただし、経営者であれば、経営を左右する資金対応は、経営者自身がしっかり把握してください。

「事務対応」については、部下と役割分担できることが多いです。そもそもリーダーがやらなくてもいいような事務対応に追われているケースが少なくありません。

リーダーの余計な負担を軽減して、より大事な「意思決定」をしっかりできるようにしたほうが、組織として得策です。

現在のリーダーの人脈についても、一覧にしたものをもとに承継していきます。具体的には、現在のリーダーから紹介してもらったり、打ち合わせの場に同席させてもらったりして承継していきます。

ここまでで仕事や人脈の承継ができますが、現在のリーダーが大事にしている〝理想〟や〝考え方〟も承継することが重要です。

ミーティングなどのオフィシャルな場はもちろん、ランチ会や飲み会なども活用して、雑談を交えながら大事にしている理想や考え方をシェアしましょう。

このようなコミュニケーションがあれば、仕事や人脈の承継もスムーズです。毛利元就についても、子供たちにこまめに手紙を送り、先ほど触れた「三子教訓状」などで大事な考え方について伝えています。

私がコンサルタントとして経営者の承継を支援するときも、新旧の経営者で食事をともにしたりしてざっくばらんに話をする場を設けることで、とても円滑に仕事や人脈の承継が進みます。

そうやってこれまでの事業の歴史や苦労、教訓をシェアするのです。
雑談からミーティングまで、硬軟入り交じったコミュニケーションがリーダー承継の基礎となります。

リーダー引き継ぎのポイント

1 **現在のリーダーの仕事や人脈を〝見える化〟する**
2 **マネジメントチームで役割分担して現在のリーダーの仕事や人脈を承継する**
3 **現任と後任のリーダーでざっくばらんにコミュニケーションする場を設ける**

リーダーの
悩み

かつての部下が上司になってしまった

その者と親しき仲を続けつつ、部下として最善を尽くしてみよ

前田利家

前田利家

前田利家（1538～99年）は、戦国時代から安土桃山時代の大名。尾張（愛知西部）の豪族の出身として織田信長に仕え、数々の戦《いくさ》で活躍する。槍《やり》の名手であり、通称が又左衛門であったため、「槍の又左」とも称された。織田家のなかでは、北陸の担当であった重臣・柴田勝家（1522？～83年）の配下にあった。しかし、本能寺の変（1582年）で信長が死んだ後、柴田勝家と羽柴（豊臣）秀吉の戦い（賤《しず》ケ《が》岳《たけ》の戦い・1583年）では秀吉側に寝返り、秀吉の勝利に貢献。その功により、金沢を与えられる。秀吉とは織田家のころから親友であったことから、秀吉政権では天下統一を支え、その政務にあたった五大老の1人となる。秀吉はその死に際し、遺児となる豊臣秀頼（1593～1615年）のことを利家に委ねた。秀吉の死後、台頭する徳川家康をけん制するものの、秀吉の死から8か月後に病死。利家の死後、江戸時代に入り、前田家は加賀百万石として、全国最大の石高を誇った。

親友ながらも出世で差がついて心がざわつく

前田利家は若いころから織田信長に仕え、数多くの戦で功績をあげています。一度、信長の寵愛《ちょうあい》を受けていた茶坊主を殺害するという不祥事を起こして織田家を離れますが、桶狭間の戦い（1560年）など織田家の戦いに参加しては武功をあげ、信長から許されて織田家に戻っています。

その後も数々の戦いで功績をあげましたが、その間、後に天下人となる羽柴（豊臣）秀吉とは、同僚として仲よくしていました。
家が隣同士であったこともあり、夫婦で親しくしており、前田利家の四女（豪姫）は、秀吉の養女となっているほどです。

そんなふうに利家と秀吉は親しい間柄でしたが、出世という点では歳月の経過とともに差がつきました。

織田家で秀吉が初めて大名となったのが１５７３年なのに対して、利家が大名となったのはその２年後の１５７５年でしたが、与えられた領地は秀吉よりも小さいものでした。

また、織田家内の立場としても、秀吉は重臣の１人であるのに対し、利家は重臣・柴田勝家の配下の１人にすぎませんでした。

ポジションの格差は、はっきりとしていったのです。

そうしたなか、主君である信長が本能寺の変で倒れます。その後、織田家の主導権争いが勃発し、秀吉と柴田勝家の戦い（賤ヶ岳の戦い）に至ります。

秀吉との友情と、勝家の配下という立場との間で苦しんだ利家ですが、最後は秀吉に味方し、その勝利に貢献します。

その後、秀吉は天下人としての道を歩み、前田利家は有力大名ながら、秀吉の家臣となったのです。

わだかまりを抱かないことで長い繁栄につながる

貧しい農民の子として生まれた秀吉と、豪族の生まれである利家との間には、もともと大きな身分格差がありました。本来であれば、利家は秀吉の出世にわだかまりを抱いても、なんら不思議ではありません。

実際、利家と同じく勝家の配下にいた佐々成政（?〜1588年）という武将は、秀吉の家臣となることをよしとせず、長いこと抵抗しました。結局のところ、敗れて秀吉の家臣になりますが、肥後（熊本）の支配を任されながらも失敗し、最後は切腹してしまいます。

それに対して利家は、秀吉の出世に大きなわだかまりを抱くこともなく、友情を保ちつつ、比較的スムーズに主君と家臣の関係に移行しました。

そして、家臣として利家は秀吉の天下統一を支え続けたため、秀吉は利家に対して大きな領土と五大老という重臣の立場を与えたのです。

晩年に至るまで利家に対する秀吉の信頼は揺らがず、遺言のなかで利家を「律義者（正直者）」と評価し、自分の子である豊臣秀頼を託すまでになります。

残念ながら秀吉の死（1598年）の直後に利家も亡くなりますが、豊臣政権下で大きな力をもっていた前田家を徳川家康も軽く扱うことはできませんでした。

前田家は加賀百万石の当主として、江戸時代を生き抜きます。

出世競争には負けた前田利家でしたが、秀吉との友情を大事にして、与えられた立場で懸命にとり組みました。その結果として、滅亡した豊臣家よりも長い繁栄を前田家にもたらしたのです。

前田利家の生き方から、同僚や後輩が出世して、先を越されたときにどのように考えるべきか、現代に通じるヒントが得られます。

ごく自然な感情として、出世で先を越された相手にわだかまりを抱くことはあります。しかし、もともと親しい間柄であったのなら、相手が自分より早く出世したことから疎遠になるのは、寂しいことです。

わだかまりにより親しい関係が途切れたら、その後に得られるであろう、相手からの学びも失われることになります。

わだかまりの気持ちを乗り越え、最初はやせ我慢でもいいですから、それまでと同じような関係を続けてみること。**親しい関係が続くことは、相手にとってもうれしいものです。**

抜てきされた人というのは、じつは孤独になりやすいです。そんなときに親しくし続けてくれる人とは、とても大事な関係となります。

秀吉が利家を大事にしたのも、秀吉の出世にわだかまりを抱える人が多いなかで、利家が秀吉との友情を大事にしたからです。

立身出世して孤独な秀吉にとって、利家はかけがえのない生涯の友人だったのです。

わだかまりの感情は抱いても組織に貢献

自分より先に出世した相手にわだかまりを抱え続け、組織への貢献に集中できないのは最悪です。組織の目標は実現せず、自分自身も成長しません。

その結果、役職や待遇が上がるどころか、評価が下がり、自分の出世に悪影響を及ぼすことさえあるでしょう。

自分より先に秀吉が出世しても、かつての良好な関係を維持してきた利家は、秀吉の天下統一に貢献することで、広大な領地と重臣としての地位を手に入れました。

一方、わだかまりを抱え続けた佐々成政は、最後は破滅してしまったのです。


私自身は、同僚や後輩から役職を追い抜かれたこともあれば、追い抜いたこともあります。**追い抜かれたときは、やはりとても悔しい気持ちでいっぱいになったこともあり、一時やる気をなくしてしまったことさえあります。**

しかし、心を入れ替えて、自分の上司になったかつての同僚や後輩のノウハウやスキルを学び、プロジェクトの成功に貢献するように努力しました。

そんな会社員人生における逆境で得た知見は、その後、大きなプロジェクトにも活きましたから、結局のところ、いい経験になったと思います。

ただし、人間たるもの、なかなか理屈では割り切れないものです。私も後輩に役職を追い抜かれたとき、わだかまりを抱き、その後輩と疎遠になったことも正直いってあります。**そのため、その後輩から学べる機会も失いました。いま思えばもったいないことをしたと反省しています。**

自分が同僚や先輩を抜いたときにも、相手との関係が微妙になり、疎遠になることもあって孤独な気持ちになりました。そんなときにも親しい関係を続けてくれた一部の人は、心の支えとなり、現在に至るまで親友としてつき合っています。

人は、自分と他人を比べて、優越感や劣等感を抱くところがあります。お互いの格差にわだかまりを抱くことは、仕方のないことです。

そのネガティブな気持ちを抱えた自分自身を認めつつ、相手との親しい関係を続け、前向きにとり組むことの大事さを利家の人生から感じます。

同僚や後輩に出世で追い抜かれたときのポイント

1 **先を越される前から親しい関係だったなら、やせ我慢でもその関係をキープする**

2 **自分を追い抜いて出世した後輩を支え、前向きに組織目標の実現に向けて貢献する**

リーダーの悩み

若くして出世した自分に対する先輩や上司の警戒心を感じます

実績をあげて出世する者ほど、上司に気をつかうべきだ

伊達政宗

伊達政宗（1567〜1636年）は、戦国時代から江戸時代初期の大名。米沢（山形）に生まれ、青年期より周辺の大名と戦い、東北地方での勢力拡大を図る。1589年には会津の名門・蘆名《あしな》氏を破り、南東北をほぼ支配下においている。しかし、その直後に天下統一を目指して小田原城を囲んでいた豊臣秀吉に臣従する。しかし豊臣政権に反する動きをしているのではないかと、秀吉に警戒されることが少なくなかった。秀吉死後の関ヶ原の戦い（1600年）では、百万石を与えることを約束した徳川家康に味方するが、功績不十分のうえに不審な動きがあったとして、その約束は守られなかった。その後も家臣をヨーロッパに派遣するなどの動きはあったものの、江戸幕府に忠誠を誓うこととなる。仙台藩の初代藩主として新田開発などを進め、東北の中心・仙台の礎を築く。

上の者に目をつけられたときにどう振る舞うか

戦国時代というと、多くの大名が天下とりを狙っていた印象が強いかもしれませんが、すべての大名が狙っていたわけではありません。

とくに伊達政宗がいた東北地方は親戚関係にある大名が多く、領土拡張のために戦うにも、親戚間で調停が入ることがあったほどです。

しかし、そのような状況においても、伊達政宗は東北地方を統一し、天下とりに挑戦する意志を若いころから抱いていました。わずか17歳で伊達家の当主を引き継いだ後、積極的な領土拡大を目指しています。

おそらく、中央で織田信長や豊臣秀吉が天下統一に向かっていたことにも、刺激を受けたのでしょう。「**いつか自分も信長や秀吉と同じように天下とりに挑戦してやる**」と思っていたのではないでしょうか。

そして、21歳のときには有力大名であった蘆名氏を滅ぼし、全国的にも屈指の戦国大名となりました。政宗の名は、日本中に響きわたったのです。

ここまでは現代における自由奔放なベンチャー経営者のような伊達政宗の姿が思い浮かびます。ところが、ここから一転、**さながら現代の中間管理職のような窮屈な環境に身をおいていくのです。**

蘆名氏を滅ぼした翌年、天下統一を目指して小田原城を攻めていた豊臣秀吉のもとに出向き、秀吉の家臣となりました。その際、秀吉の許可なく勝手に領土を拡大したとして、会津などが奪われ、領土も縮小させられたのです。

その後も、豊臣政権に反発した武士たちによる葛西大崎一揆（1590年）への関与が疑われたり、秀吉の甥・秀次が反逆を疑われ、罪を負って切腹したときも、秀次と親しかった政宗が罪を問われそうになったりしました。

そのたびに謝罪や家臣の直訴により許されましたが、それまで自由に活動していた政宗にとっては、気苦労も多かったことでしょう。そのうえ、文禄・慶長の役（壬辰《じんしん》・丁酉《ていゆう》の倭乱《わらん》＝朝鮮出兵、1592〜93・97〜98年）などの負担を強いられています。

秀吉の死後、徳川家康と石田三成の対立が始まりますが、政宗は娘の五郎八《いろは》姫と家康の息子・松平忠輝（1592〜1683年）の結婚を進めたりして、早い段階から家康の味方をします。

その際、家康から100万石（当時の領土は58万石）を与えると約束されますが、関ヶ原の戦いでの功績が十分でなく、また不審な一揆に関与したとして、この約束は守られませんでした。

しかし、政宗は家康の決定を受け入れ、以後、仙台藩の初代藩主として家康が開いた江戸幕府に忠義をつくします。

具体的には、大坂の陣（１６１４～15年）などの軍事負担や江戸城の普請といった建設工事など、幕府からの求めに応じています。

また、将軍の側近であった土井利勝（１５７３～１６４４年）などの幕府首脳やほかの大名との飲食も交えた交際を怠らず、さまざまな情報を集めるとともに、いざというときに助けてもらえる関係を築いていました。

ここまで気をつかったのは、過去の実績などから、家康や幕府に警戒されていることを政宗自身が認識していたからだと思います。

とくに秀吉の時代に何度も危ない目にあった政宗としては、実績や実力があるものほど、通常以上に気をつかわないといけないこと、ささいなことが命とりとなることを学んでいたのです。

ただし、政宗は関ヶ原の戦い以降、幕府に気をつかっていただけではありません。領内の新田開発を積極的に進めました。

その結果、仙台藩は政宗の死後、実質１００万石となります。家康から与えられなかった

100万石を、自分の力で実現したのです。

自分よりも上の立場の人や組織に気をつかいつつ、どんな状況でも諦めず、さらなる高みに向けて挑戦し続ける。

若いころに天下とりを目指した気迫は、政宗の生涯にわたって色あせることがありませんでした。そこにこそ「独眼竜」政宗の魅力があるのではないでしょうか。

警戒心を抱く目上の人への効果的な配慮

若いころはやんちゃだった人が、年齢を重ねるにつれて性格が丸くなり、周囲の誰にでも気をつかうようになることがあります。

私がコンサルティングをするクライアント企業でも、中高生のころは素行不良だった人が、会社に入って実績をあげて経営幹部となり、経営者には頼られ、部下にも慕われているようなケースを目にしたことがあります。

政宗の人生やこうした経営幹部を見るにつけ、目上の人とうまくやっていくための心構えが導き出されます。

「目下の人間の成功で警戒するなんて、なんて心が狭いのか」と思われるかもしれません。しかし、残念ながら人間の感情は、理屈で処理できるものではありません。

実績をあげて出世するほど、目上の人から頼りにされつつも、自分を追い抜くのではないかと警戒されることもあると自覚する。

実績や成功が大きいほど、警戒心も大きくなるものです（小さいものであれば、警戒しません）。表面的には賞賛していても、「自分が追い抜かれるのではないか」と焦りを感じるものです。

秀吉や家康も、政宗が若いころに短期間で南東北を統一していたため、「いつかまた天下とりを狙うのではないか」と警戒していたと考えられます。

目上の人からの警戒をやわらげるには、報連相（報告・連絡・相談）を欠かさず、日ごろからランチや会食などでのコミュニケーションをとることも効果的です。

ごく基本的なことですが、まめに報連相すると、仕事を円滑に進められるとともに、目上の人に「ちゃんと自分を立ててくれているな」と実感してもらえるのです。

政宗も、秀吉時代の気苦労で懲りたのか、江戸幕府に対してはまめに報連相していました。

橋を渡るときでさえ、幕府に確認をとっています。

また、報連相が円滑に進むように、幕臣やほかの大名との会食などを数多く開いています。

私の周囲でも、目上の人とうまくいっている人は、ランチや会食も含めてまめにコミュニケーションをとっている印象があります。こうしたコミュニケーションが報連相を円滑にして、好循環を生んでいるのです。


報連相などにより警戒をやわらげることは大事ですが、目上の人に遠慮して仕事で力を発揮しないのでは本末転倒です。


目上の人も、その人が実績をあげるから警戒しつつも、一目置いているのです。それがなくなれば、単なる目上の人に対するおべっかでしかありません。

政宗も、江戸幕府への報連相をまめに行いつつ、仙台藩の新田開発は手を抜きませんでした。そうした実績を積み重ねたからこそ、仙台藩は100万石の実力で、江戸時代の265年間を生き続けたのです。

実績をあげている人が目上の人に警戒されないポイント

1 実績をあげて成功するほど、目上の人から警戒されることを自覚する

2 目上の人への報連相（報告・連絡・相談）を欠かさず、食事や飲み会などのコミュニケーションも大事にする

3 目上の人をケアしつつ、精いっぱい力を出して実績をあげ、成功し続ける

リーダーの
悩み

仕事はできるけれど、協調性に欠ける部下がいます

新たなとり組みほど、変人に活躍させるべきですな

桂小五郎

桂小五郎（明治維新後は木戸孝允《たかよし》、1833〜77年）は幕末から明治初期の武士（長州藩士）、政治家。長州藩に生まれ、吉田松陰（1830〜59年）に学び、江戸では剣術や洋式の砲術なども学んでいる。幕末の早い段階から長州藩のリーダーとなり、多数の長州藩士が殺された池田屋事件（1864年）や江戸幕府に敗れた禁門の変（1864年）では、一時逃亡生活を余儀なくされるなど困難な状況に置かれた。その後、薩長同盟（1866年）や倒幕運動、対幕府への戦争を主導。明治新政府が成立した後、岩倉使節団（1871〜73年）の1人として欧米に派遣されると、欧米の民主政治に刺激され、憲法の導入など日本の目指すべき姿についても提言し続けた。晩年は結核に苦しみ、西南戦争中の明治10年（1877年）に43歳の若さで没する。その墓は京都霊山にあり、幕末に一緒に戦った同志たちとともに葬られている。

「夏なので暑いのは当たり前です」と返して唖然とさせる

幕末、長州藩（山口）は江戸幕府と対立し、戦争が避けられない状況となりました。雄藩（有力な藩）とはいえ、1つの藩にすぎない長州藩が幕府と戦うというのは、危機的状況といえます。

そうしたなか、長州藩のリーダーであった桂小五郎は、軍事責任者として、大村益次郎（1825〜69年）を抜てきします。

大村は、もともと長州藩周防の村医であり、武士ではないのですが、最先端の蘭学・医学を教えた大坂の「適塾」をトップで卒業し、宇和島藩（愛媛）に呼ばれて軍艦の造船に携わります。

西洋の軍事学にも詳しく、軍事技術の専門家として日本でトップクラスでした。

当時、武士階級でない人間を軍事責任者とすることは考えられませんでした。**ところが桂小五郎は、大村益次郎の軍事専門家としての能力を評価し、異例中の異例で、大抜てきしたのです。**

武士ではなく、剣道もできない。「こんな人が軍事のトップで戦争ができるのか」と周囲から思われかねません。

また、**大村はコミュニケーション能力に難があり、まわりの人の反感を買うこともありました。**

宇和島藩で軍艦の造船に携わった際、軍艦が進む姿を見て宇和島藩の人が感動していると、「船なので進むのは当たり前です」と言ったり、長州藩の村で医者をしていたころ、夏に村人から「暑いですね」と社交辞令で声をかけられると、「夏なので暑いのは当たり前です」

と返答して唖然《あぜん》とさせたこともあったそうです。

そんな協調性に欠けるところのある大村でしたが、桂小五郎はその能力を最大限発揮させるため、徹底的に支援しました。軍事責任者への抜てきとともに、武士としてとり立てることで、武士たちの反感をやわらげようと配慮したのです。

その後も大村と周囲との関係に気を配るなど、終始サポートし続けました。

そのような支援に守られた大村は、従来の武士の戦い方にとらわれない作戦を立て、長州藩は幕府との戦いに勝ちます。その後も、明治新政府と幕府との戦いでは、軍事責任者として新政府を勝利に導きます。

とくに旧幕臣で構成された彰義隊《しょうぎたい》との上野戦争（1868年）では、大村の作戦により、新政府はたった一日で勝利します。これには、大村の軍事技術が役立ったのです。

村医から一転して討幕軍の総司令官となり、明治維新の渦中で非業の死をとげた日本近代兵制の創始者である大村を描いた司馬遼太郎著『花神』では、桂小五郎が次のように語っています。

「維新は癸丑（嘉永6年＝１８５３年）以来、無数の有志の屍の上にでき立った。しかしながら最後に出てきた一人の大村がもし出なかったとすれば、おそらく成就は難しかったに違いない」

しかし、おそらく大村だけでは、その軍事技術は活かしきれなかったでしょう。**桂小五郎がリーダーとしてサポートし続けたからこそ、大村の軍事技術が活かされ、幕府に勝利できたのです。**

コミュ力に難のある高度専門人材の伸ばし方

幕末の西洋医学や軍事学と同様に、いまは人工知能（ＡＩ）、電気自動車（ＥＶ）、再生エネルギーなど、新たなテクノロジーへの対応が必要となっています。

そのような変化に対応するため、ＡＩやデータサイエンスなど成長分野をけん引する専門的知識に精通した「高度専門人材」の採用が進んでいます。

ほかの社員と同じ待遇では採用が難しいため、これまでの日本企業では考えられなかったような破格の待遇で採用されることもあります。

一方、高度専門人材を採用したからといって、すんなりと組織で実力を発揮できるかというと、そうではありません。

異なる業界や業種から転職してきた人が、独特の企業風土にとけ込めず、人間関係や組織の壁に悩まされることも少なくありません。

ほかの社員からは、「急に横から入ってきて、この会社のことも、この業界のこともよくわかっていないくせに」などと、内心で疎まれることもあるでしょう。

また、斬新なとり組みを試みようとしても、「この会社ではこういう制約がある」などと〝できない理由〟を並べ立てられ、なかなか実行に至らないこともあります。

かつて私が保険業界にいて、電子商取引（ＥＣ）を活用した保険販売が模索されていたころ、ＥＣに知見がある人材を中途採用したことがありました。しかし、「保険業界のことを知らないヤツ」「新しいことに乗り出すにはリスクが高い」という社内で力のある抵抗勢力に翻弄され、遅々としてＥＣ化が進みませんでした。

その後、ネット生保が続々と誕生したことは、みなさんもよくご存じの通りです。

何かの領域の専門職として突出する人材は、大村益次郎と同様にコミュニケーション能力に課題がある人も少なくありません。

こうしたタイプの人は、実力を備えてはいても、その実力を発揮するために組織内で根回ししたり、人と交渉したりすることが苦手なことも少なくありません。

このような高度専門人材の活躍には、桂小五郎が大村に行ったようなリーダーによるサポートが大きな力になります。

高度専門人材はリーダーが仲介して活かす

会社の新しいプロジェクトで高度専門人材を活かすには、能力を発揮しやすいポジションを与える。できれば、プロジェクトの責任者に抜てきするのがおすすめです。

いくら能力の高い社員でも、社歴が浅く、コミュニケーション能力もさほど高くないとなると、なかなかほかの社員を巻き込んで、実力を発揮することができないものです。人間関係に悩み、精神的な病を患ってしまうケースだってあります。

その点、社歴の浅い人でも、プロジェクトの責任者に抜てきすると、周囲の人は「会社はこの人を中心に新しいとり組みを進めようとしているんだな」と受け止めますし、実際その通りなのです。

そうであれば、高度専門人材を高いポジションにつけることによって、より進めやすくするのが得策です。

桂小五郎も、大村益次郎を長州藩の軍事責任者とすることにより、作戦の立案や実施がやりやすい環境を整えたのです。

また、**リーダー自身が高度専門人材とほかの社員との仲介役になることも大事なポイントです。**

ポジションを上げて責任者にしたとしても、高度専門人材からいろいろと指示を受けることに抵抗感を抱く社歴の長い社員もいます。

とくに協調性に難のある高度専門人材が、社歴の長い人に対して、単刀直入に正論を押しつけるような言い方をしてしまうと、言われたほうは見下されたような気分になり、反発することもあり得ます。そうならないためにも、リーダーが仲介役となって、ほかの社員に協力を求めることが大事です。

信頼しているリーダーから協力を求められれば、その人の顔を立てる意味合いもあって、「わかりました。○○さんがそこまで言うのなら」と協力的になりやすいものです。

高度専門人材を全面的にサポートしつつも、改善すべき点については本人にフィードバックをして軌道修正を促すことも大切です。

今後の社内でのキャリアを考えて、とくに人間関係について改善すべき点は、きちんと指摘すべきなのです。

具体的なやりとりで問題を感じたら、そのときに改善すべき点について話し合いましょう。もともと能力が高い人ですから、きちんと理屈の通った話をして腹落ちすれば、前向きに改善に向けてとり組んでくれるはずです。

このときの伝え方のコツは、先によい点を称賛した後に「さらによくするには……」という入り方がいいでしょう。

私がかつて勤務していたコンサルティング会社にも、マーケティング領域で専門性が高いものの、協調性にやや難のあるコンサルタントがいました。

しかし、その専門性を評価して強みを活かそうとした上司は、マーケティングチームのリーダーに抜てきし、全面的にバックアップしました。その結果、そのマーケティングチームの業容は見事に拡大し、経営の屋台骨の1つにまで成長したのです。

抜てきされたコンサルタント自身も、上司のフォローを受けながら、次第に協調性がともなうようになり、周囲ともうまくコミュニケーションがとれるようになりました。

大村益次郎のような高度専門人材は、桂小五郎のようなリーダーの適切な支援、フォローが必要なケースが多く、それがあれば成果につながりやすいのです。

高度専門人材活用のポイント

1 **新しいとり組みの責任者として抜てきして、より上位のポジションを与える**
2 **リーダーがほかのメンバーたちとの仲介役となる**
3 **リーダーから随時、改善すべきポイントをフィードバックする**

リーダーの
悩み

上司に直言したら、不本意な異動を命じられました

思ったことを言うことが正義ではごわはん。おはんの理想が実現できるように進め方を考えるでごわす

西郷隆盛

西郷隆盛（1827～77年）は、幕末から明治初期の武士、政治家、軍人。薩摩藩（鹿児島）の下級武士の家に生まれる。青年期から地域の青年組織「二才組《にせこ》」の二才頭《にせがしら》（リーダー）を務める。成人後、下級役人を務めていたが、島津斉彬《なりあきら》（1809～58年）に見いだされ、側近に抜てきされる。斉彬に直接指導を受けつつ、江戸・京都での政治工作に関わる。斉彬の急死後、大老・井伊直弼《なおすけ》（1815～60年）が、尊王攘夷派に行った大弾圧・安政の大獄（1858～59年）により、京都から逃れてきた勤皇の僧・月照と入水自殺を図るものの、自分だけが死にきれず江戸幕府から身を隠すために奄美大島へ潜居。その後、鹿児島に戻るものの、斉彬の弟・島津久光を批判したうえに、その命令に反したため、沖永良部島に島流しとなり、生死をさまよう境遇に陥った。沖永良部島から戻った後、盟友・大久保利通（1830～78年）とともに薩摩藩をリードし、倒幕運動や戊辰戦争を経て、265年続いた江戸幕府を終わらせる。明治新政府では参議（大臣に相当）や陸軍大将など要職を務めるが、日本に対立的だった朝鮮に西郷を派遣しようとした外交政策「征韓論」で大久保利通と対立し、職を辞して鹿児島に戻る。鹿児島では「私学校」を設立し、後進の指導・育成に努めるが、士族（旧武士階級）にかつがれて西南戦争（1877年）に参加し、政府に背く。その戦いに敗れ、最後は鹿児島の城山で自刃《じじん》して果てる。

上司への軽口が、できる部下を窮地に追い込む

西郷隆盛は、薩摩藩の名君・島津斉彬に見いだされ、「幕藩体制でバラバラになっている

日本を1つにまとめて富国強兵すべきだ」という斉彬の教えを直接受けました。

そして、斉彬の命令で江戸や京都で多くの著名な一流人に会い、政治工作に関わります。薩摩という地方から、まさに中央政界へと一気に躍り出たのです。

このとき、西郷は20代後半でした。

このような経験は、**2018年の大河ドラマ「西郷どん」の〝人格者〟のイメージとは異なり、西郷を傲慢な人間にしてしまいました。**政治工作や実務では能力が高いものの、斉彬や著名な一流人と交わったことで、若さも手伝って〝上から目線〟の持ち主となってしまったのです。


その傲慢さが仇《あだ》となる事件が勃発します。そして、西郷は生死をさまよう痛い目にあうことになったのです。

斉彬の死後、薩摩藩主は斉彬の弟・島津久光の息子・島津忠義が継いだものの、事実上の最高権力者は久光でした。

久光は、斉彬の遺志を継ぎ、兵を率いて京都・江戸にのぼり、朝廷と幕府の間をとり持つとともに、幕府の改革をしようとしたのです。

しかし西郷は、薩摩から出たことがない久光が京都・江戸に出ても、悪化していた朝廷と幕府の関係を修復することは難しいと考えました。

それを伝えるにあたり、西郷は久光に面と向かって、次のように言ったのです。

「地五郎《じごろ》（薩摩弁で田舎者）が京や江戸に行って何ができるか」

なんと島津久光の目の前で、久光のことを「地五郎」と言ってしまったのです。

目上の人に対して礼を欠く話ですが、久光は多く本を読んだり書いたりするなど、インテリでプライドが高かったため、この発言にかなり傷つき、立腹したようです。

主従関係がはっきりしていた江戸時代のことですから、これは大事に発展します。

その直後、西郷は久光の命令に反したことにより、薩摩から遠く離れた沖永良部島に流されます（1862年）。島流しの直接の原因は命令に背いたことですが、「地五郎」発言が影響したのは間違いありません。

この島流しのときの環境はかなり厳しく、西郷は生死をさまよいました。このときに寄生虫に感染したことは、西郷を終生苦しめることになります。

島流しのあり余る時間のなかで、西郷は大きな失敗を招いた、自分のあり方について反省したと考えられます。ここで、現代の私たちがイメージする人格者の「西郷どん」が生まれたのです。

なぜそのように言えるのかというと、２年弱にわたる島流しから戻ってからの西郷は、まったく人が変わっていたからです。

戻った後、島流しを命じた久光と会ったときのこと。盟友の大久保利通は、また何か失礼なことを言わないかと心配しましたが、西郷の対応ぶりは、「**議論もおとなしく、少しも懸念これなく、安心つかまつり候**」と大久保は手紙に残しています。

この後、西郷は久光に対してだけでなく、まわりの人に対して率直に自分の考えをぶつけて心証を害することなく、本心を心の奥深くにしまい込んで対応できるようになりました。

だからといって、西郷は何もしなくなったわけではありません。むしろその逆でした。

西郷は薩摩をリードする中心人物として幕末の政局を切り拓き、最終的には幕府を倒し、明治維新を実現したのです。

斉彬から、「日本を1つにして富国強兵すべきだ」という教えを直接受けた西郷でしたが、若気の至りと傲慢さゆえに遠回りしてしまいました。

しかし、その遠回りは西郷の人格を高め、その人格がたいへんな推進力となり、とうとう斉彬が理想とした日本を実現したのです。

「自分が正しく、相手が間違っている」という傲慢さ

どんなに自分の考えが正論だと思っても、相手の立場を考慮せずに直言していいわけはありません。

相手は感情のある人間であり、立場が上であればなおのこと、不用意な発言は傷つけることも、反感を買うこともあります。相手によっては、そのことで西郷のように不本意な環境に身を置かざるを得なくなるかもしれません。

「本当のことを伝えただけなのに、なんでこんな目に遭わないといけないのか。自分はぜんぜん悪くない」と逆恨みすることもあるでしょう。

しかし、**独善的な考えに終始していては、別の機会にも同じような失敗を繰り返し、不本**

意な扱いを受けることになりかねません。

もし自分の不用意な発言で相手が心証を害したときは、「自分の発言によって、相手はどのように感じたのだろうか」と、相手の立場に立って考えてみるべきです。

とても基本的なことですが、年齢によっては、人生経験が足りないこともあるでしょう。その場合には、〝痛い経験〟を先につなげればいいだけのことです。

そうすることによって、相手の心中を想定した発言ができるようになるはずです。

やっかいなのは、ある程度の年齢に達していて、人生経験があるにもかかわらず、相手の立場を考えられない人です。

これは多くの場合、「自分が正しく、相手の考え方が間違っている」という西郷も陥った〝上から目線〟が影響しているものです。

とくに社歴が長く、組織で古参になってくると、どうしても頭が固くなりがちです。同僚や後輩への言動や振る舞いに配慮が欠けやすく、思いがけず人間関係を悪化させてしまうことがあります。

大切なのは、年齢や社歴を問わず、「自分だけが正しいのではなく、相手にも正しいところがある」という相手に対するリスペクトの念を抱くことです。

西郷は天を敬《うやま》い人を愛するという意味の「敬天愛人《けいてんあいじん》」を座右の銘にしており、いくつかの書が残されています。

青くさい話だと思うかもしれませんが、相手を尊重する心は、仕事を円滑に進める土台になるのです。ただ、残念ながら多くの人は、西郷のように痛い目に遭わないとわかりません。だからこそ、痛い目にあったら、問題は相手にばかりあるのではなく、自分にもあると振り返ることが重要です。

そんなときでさえチャンスを逃していては、人として成長することは難しいのです。

リーダーを演じる役者となろう

反対意見など、なんらかの否定的な意味が含まれる発言をするときには、「それは目標実現に向けて必要な発言なのか」を一度考えてみましょう。

西郷は、幕府と朝廷との関係に、薩摩藩が関わることを止めることが目的だったはず。そうならば、わざわざ目上の島津久光に対して、軽はずみに「地五郎（田舎者）」などという言葉を使わず、なぜ関わることが無駄なのかを丁寧に説明すべきだったのです。

会社の会議でも、自分が賛同できない意見に対して、建設的ではない感情的な批判をする人がいます。このようなとき、一度立ち止まって、相手の心中を察する余裕をもたなくては、単に相手の心証を害すだけで組織にとってプラスに働きません。

言葉を選びながら、「こうしたら、よくなるのでは？」という方向で建設的に反対意見を述べる。いずれにしても、**「自分が絶対正しい」ことを証明して、自己顕示欲や自己承認欲求を満たしたいという心理から、「批判のための批判」になってしまうことは避けなくてはなりません。**

それでは、異なる意見の人の反発を招くだけで、むしろ組織の目標を実現する障害にさえなりかねません。

発言する前に、この発言が自分の目的をとげるために有効なのか、相手の反感を買って、むしろ実現の障害となるのではないかと、冷静に考えることが大事です。

そのためには、目標の実現に向けて〝役を演じる〟意識をもつことが役立ちます。

これについては、私が経験した次のようなエピソードがあります。

私が、売上高4兆円規模の大手自動車部品メーカーにコンサルティングで入ったときのことです。かなり若くして出世し、高い役職に就いている人がいました。

その人は将来の役員候補と目されていましたが、その後、実際に最年少で役員となっています。

私はその人と親しくさせてもらったのですが、実務能力が高いだけでなく、目標実現に向けて周囲をやる気にさせ、組織に一体感をもたせて推進することが本当に上手でした。

食事をしながら雑談を交えつつ、本音の話を聞いてみると、じつは周囲に対して不安や不満など、思うところはいろいろとありました。しかし、そうした思いをそのまま伝えても、自分の目的を達成するためにはマイナスであることを把握しており、周囲への伝え方をつねに工夫していたのです。

それはまさに、リーダーを演じている役者そのものでした。

「自分が正しい」という立ち位置から伝えることと、「相手も正しい」とリスペクトの念を

抱きながら伝えるのとでは、同じ内容でも結果がまったく違ってくることが多いです。

前者は相手の心証を害するうえに、目標の実現を自ら遠ざけてしまいがちです。後者は相手を味方につけて目標の実現を近づけます。どちらを選択するべきなのかは、火を見るよりも明らかでしょう。

西郷も島流しから戻ってからは、自分の感情を他人にストレートにぶつけず、本心は心の奥深くにしまいながら、倒幕・明治維新に向けた偉業を進めていきます。島流し以降の西郷は、倒幕という目標実現に向け、演じていたのです。

社長や上司に対して意見するときのポイント

1 **自分の発言で相手との関係が悪化したとき、自分に問題がないか振り返る**
2 **発言する前に「目標実現に向けて必要な発言なのか」を一度考える**
3 **目標の実現に向けて演じる意識を持つ**

実力のある上司ほど部下の気持ちに配慮すべきであったか

織田信長の反省

織田信長（１５３４～82年）は、尾張（愛知西部）に生まれた戦国大名。若いころは奇抜なスタイルにより「うつけ（ばか）者」と周囲から揶揄《やゆ》された。しかし、合理的な考え方の持ち主で、鉄砲など最新兵器を導入したり実力重視で家臣を抜てきしたりと、従来の常識にとらわれない当時としては大胆なとり組みをした。その結果、尾張の小大名から尾張を統一した後、隣国の大大名・今川義元（１５１９～60年）の侵攻に対して桶狭間の戦い（１５６０年）で討ち果たす。さらに美濃（岐阜）を支配していた斎藤氏を滅亡させて領土を拡大した後、室町幕府の将軍・足利義昭（１５３７

～97年）を奉じて京都に上る。その後、対立した義昭を追放したうえで勢力を拡大していき、東国の強豪であった武田氏を滅亡させ、西国の雄・毛利氏も攻めて天下統一に王手をかけるが、本能寺の変（1582年）で重臣・明智光秀（1528～82年）のクーデターにあい自害する。

ちょっと遊びに出かけただけの部下を処刑する恐怖政治

渡哲也、舘ひろし、吉川晃司、反町隆史……ちょっと硬派で強面《こわもて》な印象のある俳優が大河ドラマで演じた戦国武将が、織田信長です。

最近は岡田准一、染谷将太など、甘いマスクの俳優も信長を演じていますが、ドラマでは強面のキャラクターになっています。

このように、現代に至るまで、信長は〝恐いキャラクター〟のイメージが強いです。

実際の信長は、強面な人だったのでしょうか？

この点については、**信長の家臣・太田牛一《ぎゅういち》（1527～1613年）が、信長の死後に著した『信長公記』が参考となります。**

信長の一代記であり、戦国時代から安土桃山時代にかけての史料でもあるこの書には、信長の過酷さが描かれています。

信長を高く評価する牛一でさえ、**「哀れなこと、目も当てられなかった」**といった表現が見られます。

そんななかで、私がいちばん驚いたのが、安土城の女房（現代風にいうと女性秘書）を成敗（処刑）した事件（1581年）です。

信長が琵琶湖の北部にある竹生島《ちくぶしま》という無人島に参詣したときのこと。安土城から竹生島は片道15里（約59㎞）、往復30里（約118㎞）の距離があるため、女房たちは「信長様は長浜に宿泊し、明日お帰りになる」と思い込み、遊びに出かけました。

ところが、元来せっかちな気質の信長は、竹生島からなんと日帰りで戻ってきたのです。馬や徒歩の時代ですから、往復118㎞を日帰りするのは、牛一が「このようなことは聞いたこともない」と書いているほどの強行でした。

そして、女房たちが遊びに出かけたことに気づいた信長は、遊び怠けていた者を縛り上げるとともに、寺に遊びに行っていた女房たちに出頭するように命じます。

このとき、寺の長老が「お慈悲をもって女房衆をお助けください」と懇願したところ、なんとその長老も女房たちと一緒に処刑してしまったのです。

戦国時代とはいえど、少し持ち場を離れて遊びに出かけただけで、関係者を含めて処刑するというのは、いささか常軌を逸しています。

ほかにも鷹狩りに向かう道に、誤って石を落とした家臣を処刑するなど、少しのミスや怠慢も許さなかったことが『信長公記』に記されています。

部下の息抜きを快く思わないのは組織の繁栄にマイナス

織田信長が少々の怠慢やミスさえ許せなかった理由の1つに、信長が病気になることもなく頑強で、またたいへん勤勉でもあったため、弱い人の気持ちや過ちが理解できなかったことがあるのではないかと想像します。

戦国武将の病気の記録はたくさん残っているのに、これだけ有名な信長の病気に関わる記録はありません。

信長は、天下統一を目指す拠点とした岐阜城と、ふもとの住居との間を1時間半かけて日常的に往復し、さらに現在の10階建てビルに相当する安土城の階段も日々上り下りしていました。

このような日ごろの鍛錬もあってか、病気にならないほど頑強なフィジカルの持ち主だったのです。

また、朝も明けがたには起き、『信長公記』を読んでいると、常に働いているくらいに勤勉でもありました。

現代でも、頑強で、勤勉な経営者や管理職ほど、当然の権利であるにもかかわらず、部下が休暇や休憩をとったりすることを快く思えなかったりする面があります。

私がコンサルティングで携わった経営者や管理職にも、病気で休みをとることさえ怠けていると捉えてしまい、自分が休みをとらないことを誇りであるかのように振る舞う人が少なからずいました。

部下が休むと、「なんで休むんだ」と、いまならコンプライアンスに抵触するような指摘をするケースもありました。

そういう上司が組織を支配していると、病気になっても有給休暇がとりにくい状況が生じてしまいます。そんな会社が、世の中に価値ある商品やサービスを継続的に提供することができるのでしょうか。

実力のある人ほど部下の気持ちに寄り添う

社員たちは萎縮し、疲弊し、顧客の気持ちを考える余裕もなくしてしまいがちです。そういう組織は、往々にして社員の定着率が低く、有能な人材が他社に流出してしまいがちでもあります。

会社は株主のものではありますが、一方で実質的に収益を生み出す社員のものという一面もあると思います。

そういう見地からすると、社員が幸せになることが、世の中に価値ある商品やサービスを提供することにつながり、その見返りとして収益を得られ、会社を繁栄させるというのが真理だと思うのです。

織田信長にしても、安土城の女房たちを処刑した翌年、明智光秀によるクーデターである本能寺の変で亡くなります。

明智光秀がクーデターを起こした動機は永遠の謎とされていますが、部下に厳しい信長の姿勢が光秀の反乱につながった可能性はあります。

実際、織田家の筆頭家老・佐久間信盛(1528～82年)は、長年、信長に仕えてきたにもかかわらず、本能寺の変の約2年前に突如追放され、高野山(和歌山)などで放浪した後、死去しています。

前出の『信長公記』によると、信長は19か条もの痛烈な批判を込めた「折檻状《せっかんじょう》」を信盛に突きつけています。これは事実上の解雇通知ともいえますが、10年近く前に佐久間が戦で負けたこと、信長に素直に従わなかったことを追放の理由としてあげています。

長年仕えた重臣でも、過去の失敗を許すことなく追放する信長の姿勢は、功績をあげている明智光秀のような武将でさえ、「いつかは自分も佐久間と同じように追放されてしまうのではないか」と考えて、クーデターに向かわせたとも考えられるでしょう。

頑強な人が悪いということではありません。むしろ、たいへん素晴らしいことです。ただ、そういう人ほど部下の気持ちを考え、人材の扱いには注意が必要だということです。

部下の反対意見を最後まで聞くべきだった

松平容保《かたもり》の反省

松平容保（1835～93年）は、幕末の会津藩（福島）の藩主。高須藩（岐阜海津市）から養子として会津藩の松平家に入る。会津藩を承継した後、欧米列強の来航への防備などで江戸幕府を支える。その後、反幕府勢力により混乱する京都の治安を守る京都守護職に就任。新選組の名を世に知らしめた池田屋事件（1864年）や京都の市街地に大火を招いた禁門の変（1864年）で、反幕府勢力の中心・長州藩を弾圧する。幕府だけでなく、京都の治安を守ったとして天皇からも多大な感謝の意を受けた。しかし、このような弾圧は江戸幕府の崩壊後、長州藩などから恨みを買うことと

なり、戊辰戦争の一戦で明治新政府と会津藩との戦いである会津戦争（1868年）では、多くの家臣とその家族が犠牲となっている。

意に反する部下の意見をどう受け止めるか

幕末の混乱のなか、京都でテロが多発しました。江戸幕府は治安維持のため、京都にあって朝廷や公家の動向を監視し、西国全般に目配りする役職である「京都所司代」に加え、会津藩主・松平容保に「京都守護職」、つまり京都を守る役職を与えました。

この役割を果たすには、会津藩の費用負担が莫大になるとともに、反幕府勢力の長州藩から恨みを買うリスクもありました。

そのため、会津藩の筆頭家老・西郷頼母《たのも》（1830〜1903年）は、藩主・容保の京都守護職の就任に猛反対しました。

筆頭家老といえども、殿様の意向に反対するのは相当の覚悟が必要です。それほどまでに会津藩にとってはリスクが高いことだったので、西郷は猛反対したのです。

しかし、容保は、祖先である会津藩主・保科正之（1611～72年）が残した「会津家訓《かきん》十五箇条」の最初にある「何よりも幕府のことを第一に考えなさい」という教えに従い、反対を押し切って京都守護職に就任します。

なお、その後、筆頭家老の西郷は、容保の方針に反対したことで、家老職を一度解任されました。

京都守護職就任後も、費用負担の大きさや反幕府勢力との対立を心配した家臣から、早めに京都守護職を退任するべきだとの意見がしばしば出ました。

ところが、幕府や天皇から絶大な信頼を得ていた容保は、その意見を受け入れなかったのです。

その結果、幕末の最終局面で、会津藩は長州藩などから恨みを買いました。会津若松城を舞台とした戊辰戦争の一戦である会津戦争では、多くの家臣やその家族を失う悲劇が起こります。

会津藩の武家の少年で構成された「白虎隊」の隊士たちが自刃したのは、その悲劇の1つなのです。

一面、松平容保は、先祖に対して、幕府に対して、天皇に対して、ひたすらに忠誠を貫きました。その生き方は会津藩で大事にされてきた「義に死すとも不義に生きず」をまさに体現したものでした。

しかし、西郷頼母など家臣たちの意見を入れていたら、会津戦争での悲劇も免れていたはずです。

義理堅いリーダーとしての姿と、自分が属する組織を守るための部下の意見、とるべき道はどちらだったのかと深く考えさせられます。

自分の思い込みで部下の客観的な意見を否定しない

現代でも、上司に対して、部下が反対意見を述べることはあるでしょう。

江戸時代ほどではなくても、上役に意見するのは勇気や覚悟が必要です。そのぶん、組織のことを真剣に考えての意見になります。そのときに大事なのは、〝上司の姿勢〟です。

まず、意に反する部下の意見に対して感情的になって怒ったり、「絶対に自分が正しい」という高圧的な態度をとったりすると、その後意見は上がってきません。

組織のことを思って発言したことがマイナス評価を受けるのであれば、部下はばからしくなり、余計な発言を控えるようになるのは、容易に想像できます。

どんな発言であっても、いったんは耳を傾け、話を最後まで聞くべきです。そのうえで、「組織にとって有益な意見」だと思えば受け入れるべきですし、そう思えなければ感情的にならず、そのことを論理的に伝えるべきです。

とはいえ、組織にとって有益な意見かどうかの判断は、けっこう難しい局面もあります。経営に絶対的な正解はありませんから、どの道をどう進んだら、どういう結果になるかは、やってみなければわからないことだらけだからです。

いずれにしても、松平容保のように自分の信条や美学にこだわり過ぎると、部下の意見を頭ごなしに否定してモチベーションを下げてしまい、組織としては間違った方向に傾くことがあります。

私も長年の会社員の経験やコンサルティングのなかで、部下が意見をしにくい社内環境、仮に部下が意見をあげても、なんの反応も示さないシーンを数多く見てきました。

自分と異なる部下の意見に耳を傾ける

ある会社では、社長が営業拠点を大きく拡大しようとしたとき、多くの部下が反対だったものの、日ごろから独断専行で部下の意見を聞く姿勢がないため、意見さえしなかったケースもありました。

場合によっては、独断専行でも成功することがあるかもしれません。しかし、そのときの営業拠点拡大のケースでは、採算がとれない状態が長期にわたっています。

部下から意見が出てきたときには、仮にそれが自分の考えと異なることであっても、まずは耳を傾けることが大前提です。

そのうえでリーダーが責任をもって最終判断をするのです。

その際、松平容保のように自分の信条や美学にこだわり過ぎていないかを自問自答してみてください。

コラム1―自己中で短気な私が歴史に学んで改心

徳川家康は「人のよし悪しを見るときに、どうかすると自分の好みに引っ張られて、自分が好きなほうをよしとするものだ」といいました。

私自身も、かつては自分の好みに引っ張られて、好感をもてない人に対しては、悪いところばかりが目について仕方ありませんでした。

自分でいうのもなんですが、私は外見からはおおらかで穏やかそうに見られることが多いのですが、じつはちょっと短気なところがあり、家族や付き合いの長い人からは、よく指摘されることがあります。

そんな性格もあってか、好感をもてない人の悪い面がいったん気になってしまうと、イライラしてそのことで頭がいっぱいになることさえありました。イライラが抑えられず、相手によっては、辛く当たることもあったのです。

西郷隆盛が薩摩藩主・島津久光を「地五郎《じごろ》（薩摩弁で田舎者）」と揶揄したように（70ページ参照）、「そんなことも知らないんですか」などと周囲の人を見下すようなことも過去にはありました。

さらに、織田信長ほど過激ではありませんが、深夜残業や休日勤務も苦にならない私は、同僚や部下にも同じような働き方を求めたこともありました。

もちろん、そんな態度や言動をとっても、何もよいことはありませんでした。むしろストレスを増幅させてしまいました。

イライラして部下に辛く当たっても、素直に意見を聞き入れて、動いてくれることはありません。それどころか、潮が引いていくように、部下の心が私から離れていくことがよくわかりました。

そんな苦い経験をするうちに、自己中心的だった自分自身を客観視できるようになったのです。

自分の好みに引っ張られるのも、イライラして辛く当たるのも、自分と同じような働き方を求めるのも、すべて自己中心的で独善的な考え方に執着していたから。そして、そんな自分にうすうす気づいていながらも、自分の負の面を認められなかったのです。

そんな自分の姿が、西郷隆盛や織田信長の負の面と重なったのです。

歴史学者・家近良樹さんの著作『西郷隆盛　維新150年目の真実』を読んで、西郷が島津を「地五郎」呼ばわりしたことも災いして遠島になった際、自分のこれまでを反省し、人格者として磨かれたと知り、西郷の心境が自分自身に重なりました。

うまくいかないことについて、自分に問題がないかを考えなければ、人間的に成長しないと気づかされたのです。

いまでも、そういう傾向がまったくないとは断言できませんが、以前よりは自分を客観視できるようになり、ちょっと性格が合わない人でも、心を落ち着かせて真摯に耳を傾けられるようになったと思っています。

そのように変わったのは、相手の立場や心情を考えるようになったこと、自分が完璧なわけではないと悟るようになったこと、それに76ページで触れたように「役を演じる」という意識が芽生え、思ったことを直言しなくなったことも理由としてあります。

歴史上の偉人であっても、私と同様、不完全な面があります。

そして、不完全なところからどのように成長したのかに学ぶとともに、不完全なままだったことが招いた失敗を反面教師にすることが、歴史に学ぶ醍醐味だと感じます。

第2章

モノは知恵で活かされる

リーダーの
悩み

顧客の困りごとに対応しようにも、いま扱っている商品やサービスでは対応できません

いま扱っているものを含めた異なる2つの組み合わせで対応できないか考えてみよ

織田信長

織田信長

木造船で負けるなら鉄板で囲んだ船をつくろう

織田信長は、多くの一揆（反乱）を起こす一向宗（浄土真宗）と激しく対立していました。その一向宗を屈服させるため、信長は現在の大阪城にあった一向宗の総本山・大坂本願寺を攻めたのです。

その際、大坂本願寺を囲い込み、食料の補給線を断つ「兵糧攻め」をしたのですが、そこに強敵が現れました。

それは中国地方の毛利家に属して、瀬戸内海で活動していた海賊「村上水軍」です。大坂本願寺とつながっていた毛利家は、村上水軍を大坂本願寺に向かわせ、食料を届けようとしたのです。

当然、信長は村上水軍を阻止しようと、織田水軍を大坂湾の入り口となる木津川口に派遣しました。そして、織田水軍と村上水軍による「第一次木津川口の戦い」（１５７６年）が始まったのです。

村上水軍は、土器に火薬を詰めて点火して爆発させる「焙烙火矢《ほうろくびや》」という武器を織田水軍に投げ込みました。**当時は木造船でしたから、焙烙火矢が直撃した織田水軍の船は燃えてしまい、多くの武将と兵士が亡くなりました。**

勝利した村上水軍は、大坂本願寺に食料を届け、また瀬戸内海に戻ったのです。

このままでは、大坂本願寺に食料が運び続けられ、織田軍は劣勢に立たされてしまいます。そこで信長は、水軍を担当していた志摩（三重）の豪族・九鬼家に命じて、新しい大型船をつくらせます。

この大型船は村上水軍の焙烙火矢をはね返せるように、当時は想像もつかなかった鉄板で囲んだ船であり、しかも大砲を備えていたのです。

新しい大型船を建造した信長は、再び村上水軍との戦い「第二次木津川口の戦い」（1578年）に挑みます。すると、村上水軍の焙烙火矢は、大型船の鉄板にはね返されて役に立たず、逆に織田水軍の鉄砲や大砲が撃ち込まれ、村上水軍は敗北します。

その後、毛利家から大坂本願寺に食料を送ることが難しくなり、苦しい状況になった一向宗は織田軍に降伏。大坂本願寺を明け渡します（１５８０年）。

そして大坂本願寺は壊され、豊臣秀吉の時代になってから同地に大坂城が築かれ、新しい時代を迎えたのです。

異なる2つのものを結合することで解決策が生まれる

織田信長の大型船の革新性は、従来の木造船に鉄板や大砲という異なるものを掛け合わせて、村上水軍の焙烙火矢に対抗できるようにしたことです。

現代では革新性のことを英語で「イノベーション」と表現しますが、イノベーションを最初に唱えた経済学者、ヨーゼフ・シュンペーターは、「**イノベーションとは異なる2つのものを結合すること**（**新結合**）」**と表現しました。信長の大型船は、従来の木造船に鉄板・大砲という異なるものを結合したイノベーションだったわけです。**

そして、このイノベーションの起点は、「従来の木造船だけでは、村上水軍の焙烙火矢に対抗できない」ことに端を発しています。

これは「**既存の商品・サービスでは、顧客の困りごとを解決できない**」ことにも通じます。異なるものを結合することで顧客の困りごとを解決できれば、それは立派なイノベーションとなるのです。

そのときに大切なことは、リーダーのあきらめない姿勢です。

「**いまの商品・サービスでは、顧客の困りごとを解決できない」という状況ならば、「じゃあ、しょうがない」とならず、まずはリーダーが「なにかいい方法はないか」と簡単にあきらめない姿勢を部下に示すことが重要です。**

ここで「じゃあ、しょうがない」とならないまでも、リーダー自身の思考がストップしてしまうと、その状況を敏感に察知した部下が、解決に向けてイノベーションを起こそうとはなりにくいです。

このとき、いまある商品・サービスだけでは解決できないけれども、異なるものと結合することで解決できるかもしれないと模索してみる。これが、解決への〝小さな一歩〟となります。

信長も、焙烙火矢に対抗する執念をみせたからこそ、新しい大型船を実現できたのです。

このような解決に向けた執念は、信長の生涯を通じてみられます。

戦国最強とされる武田騎馬隊を破った「長篠の戦い」（1575年）では、鉄砲と馬防柵《ばぼうさく》を組み合わせて勝利しましたが、これも「なんとか武田騎馬隊に勝利したい」という信長の執念がなければ、実現しなかったことでしょう。

これと同じように、現代でもリーダーが解決をあきらめない姿勢を示し、顧客の困りごとの〝真の原因〟は何かを特定していきます。

表面的には見えない〝真の原因〟の特定が解決に導く

コンサルティングの場でクライアントが話す困りごとは、往々にして表面的なものにとどまります。それだけでは問題解決に向けた具体的なとり組みができないことがほとんどです。

たとえば、「売り上げが落ち込んでいるんですよ」と経営者が話したとしても、それは販売数量が落ち込んでいるのか、単価が下がっているのか、もしくは特定の分野が落ち込んでいるのか、といったことが見えてきません。

個別具体的な原因によって、問題解決のためにとり組むべきことは異なります。

信長の大型船の事例でも、「村上水軍に負けた」という事実だけでなく、「木造船だったため、焙烙火矢に対応できなかった」という原因の特定が必要だったのです。

このような問題解決につながるポイントを〝真の原因〟といいます。

これを特定するには、困りごとに対して「なぜ」を何度も繰り返すことが有効とされています。

なお、トヨタ自動車を中核とするトヨタグループでは、問題の真の原因を突き詰める「なぜなぜ5回」を現場での原因究明手法としてとり入れています。「なぜを5回繰り返せば、問題の真の原因にたどり着く」という考え方で、製造業ではかなり知られている手法です。

「なぜ」を1、2回繰り返すだけで問題解決を図ってはいけない。真の原因を突き詰めるまでは、何度でも「なぜ」を繰り返しなさい、という戒めともいえます。

そのため、私自身は「なぜ」を5回繰り返すことで満足せず、真の原因を突き詰めるまでは、何度でも「なぜ」を繰り返すことを自分自身に課しています。

「なぜ」を繰り返すことによって困りごとの真の原因を特定したら、それが自社の商品・サ

ービスで対応できるか、対応できなければ何が不足しているかを明確にします。

このとき、個別の部署や担当者だけで検討するのではなく、社内の組織を横断してワークショップを開くことも有効です。メーカーであれば、営業部門が気づかないことでも、生産部門と一緒に検討することで気づくことが多々あります。

組織横断的な専任プロジェクトチームをつくる

ここまでの検討を踏まえて、現在の商品・サービスをもとにイノベーションを起こそうということになったら、専任のプロジェクトチームを立ち上げると効果的です。

既存の業務の延長線上ではイノベーションを起こすことが難しいのですが、組織横断的なプロジェクトに発展させることによって、社内の知見を幅広く集められるからです。

私がコンサルティングをした売上高40億円規模のあるメーカーでは、現状の自社製品では対応できない顧客の声を収集し、対応できない原因も確認したうえで、既存製品の改善や新規製品の開発などのアイデアを検討するミーティングを定期的に開いていました。

そこで生み出されたアイデアをもとに、社内横断的なプロジェクトチームで新商品・サービスを開発し、さらなる売り上げ向上につなげたのです。

具体的には、自社製品だけでは顧客の声に対応できず、真の原因が他社製品で解決できることが判明すると、プロジェクトチーム主導で自社と他社の製品を組み合わせ、問題解決につなげました。

信長が木造船で敗れた後、鉄板で囲んで大砲を備えた大型船で勝利したように、自社の商品・サービスでは対応できないことを放置せず、異なるものとの組み合わせでイノベーションを起こすことが現状打破のカギとなります。

イノベーションのポイント

1 **リーダーが困りごとの解決をあきらめない姿勢をメンバーに示す**
2 **困りごとの〝真の原因〟は何かを特定する**
3 **真の原因の解決に向けて足りないことを特定する**

リーダーの悩み

本社勤めの人は立派なビルで働いているのに、私がいる営業所は古びた雑居ビルで不公平感が拭《ぬぐ》えません

みなの負担を軽くするため本社の移転も考えてみよ

保《ほ》科《しな》正之

保科正之（１６１１～72年）は、江戸時代前期の大名。江戸幕府の2代将軍・徳川秀忠の子にして、徳川家康の孫にあたる。母親が秀忠の正室（本妻）でなかったこともあり、幼年から信濃（長野）の保科家に養子に出される。成長後は保科家を継ぎ、兄である3代将軍・徳川家光を支える。家光が亡くなった後も、その子である4代将軍・徳川家綱の補佐役として、幕府政治の中心を担う。江戸の大半を焼いた明暦《めいれき》の大火（１６５７年）など、幕府の危機にも再建に尽力した。藩主としても信濃から山形、会津（福島）と領地が移り、幕末まで続く会津松平家の初代となる。会津藩では、現代でいう産業振興や社会福祉、教育政策などにとり組んだ江戸時代屈指の名君とされる。

上層部の都合より現場を優先して投資

江戸の町の大半が焦土と化し、死者10万人以上（死者数は諸説あり）ともいわれる「明暦の大火」は、関東大震災や東京大空襲を除けば、日本史上最大級の火災といえます。

同じ振り袖を着た娘が3人も立て続けに病死し、その厄払いのために振り袖を焼こうとしたら、火のついた振り袖が舞い上がって寺に燃え移ったことから「振り袖火事」とも呼ばれますが、これは世界的にも大きな火事で、ローマ大火・ロンドン大火とともに「世界三大大火」に数えられます。

江戸城の天守も焼け落ちたこの大火災において、保科正之は江戸幕府の中枢を担う立場として対処しました。そのとき、被害の拡大を防ぐとともに、庶民に対する配慮を感じさせる逸話がいくつか残っています。

とくに有名なのは、大火により幕府の米蔵が延焼しそうになったときのこと。庶民が消火に協力すれば、米蔵にある米をもち出してもよいという機転の利いた施策です。大火で食料も財産も失った庶民には、とてもありがたい話ですし、火事の延焼も抑えることができるという、まさに一石二鳥の妙案でした。

また、大火の後には、江戸の町屋の再建のために16万両（1両10万円とすると１６０億円）もの莫大な投資を決めています。再建にそんな大金を投資すると、幕府が傾いてしまうという声もありましたが、保科正之は「**幕府の蓄えというのは、こういうときに下の者に与えて安心させるためにあるのだ**」と答えています。

現代の災害対策や福祉政策と同じような考えをもっていたのです。

一方で保科は、焼失した江戸城の天守再建には反対しました。

だいぶ前に戦国時代が終わりを告げ、籠城《ろうじょう》のための天守はすでに不要になっていましたし、天守再建のために費やす資金や労働力があるならば、江戸全体の再建に使ったほうがよいという考えからでした。

結局、江戸の庶民が食料や住居で困ることがないように配慮しつつ、支配層の象徴である天守の再建は踏みとどまりました。

現在も皇居外苑を訪れると、天守が建っていた石垣だけを見ることができます。

あのとき、もし支配層である幕府の都合を優先して天守を再建し、庶民の負担を増やしていたならば、江戸幕府は265年もの長きにわたって続いていなかったかもしれません。

本社と現場の職場環境の格差でモチベーション低下の愚

以前、私がコンサルティングをした会社では、東京・渋谷にある最新の高層ビル内に本社を構えていました。とても快適な環境のオフィスで、経営陣と全社を管理するスタッフが勤務していました。

一方、地方にある営業所は、築数十年の古い雑居ビルの一室に入居していました。そこで支店長や一部の管理職、それに現地採用された営業スタッフが働いていました。

豪奢な本社と古びた営業所という職場環境の格差があったのです。

現場の営業スタッフにヒアリングしたところ、「**自分たちが契約を獲得して売り上げを立てているから、賃料の高い最新のビルに本社を構えられているはず。なのに、なぜ自分たちは、こんなに古びた雑居ビルで働かないといけないのか**」という声があったのです。

じつは、この会社の売り上げは、長年伸び悩んでいました。その原因の１つが「職場環境の格差」に起因する、営業スタッフのモチベーションの低さにあったのです。

保科正之の明暦の大火におけるエピソードと、この会社の職場環境の格差を重ね合わせると、「江戸城天守＝本社」「江戸の町＝営業所」と置き換えることができるでしょう。

つまり、保科の考えのベースには、本社より現場の営業所を優先し、現場に負担をかけず、モチベーションを高めることを優先していたことがあります。

本社は全社の経営や現場の管理を担うものの、実際に会社へ収益をもたらすのは営業所です。本社スタッフは、「**本社だけでは収益はあがらない。現場があってこその本社だ**」という意識を共有することが大事だったのです。

その後、経営者をはじめとする本社スタッフの意識改革をして、全社で共有するようにしたことで、古びた雑居ビルにいる営業所のスタッフが抱える不満に落ち着きをもたらすようになりました。

そして、この会社の経営陣が、「人」「モノ」「お金」といった経営資源を配分するときの優先順位に変化をもたらしました。

現場の満足度向上とコスト抑制が本社のミッション

この会社では、**本社の管理費を抑制することで、全社的な利益の底上げを徹底しました。**

本社は収益をあげない代わりにコストを抑制することで、利益貢献することができるわけですから、これは理にかなった改革です。

実際、コロナ禍によってリモート勤務が普及したこともあり、本社機能を移転したりフロアを縮小したりした会社も少なくありません。

賃借料や水道光熱費などのコスト削減につなげれば、そのぶんは利益に直結するのですから、本社であっても利益貢献できるわけです。

保科正之の判断によって、江戸城の天守を再建しなかったぶん、幕府に資金を残すことができたのです。

ただし、やみくもにコスト抑制をするのでは、今度は本社スタッフのモチベーションの低下を招きかねません。本社と現場は一蓮托生《いちれんたくしょう》ですから、本社は現場の生産性を高めて、より収益をあげてもらうような環境をつくることも使命です。

シンプルに言うと「本社のおかげで働きやすくなり、売り上げをあげやすくなった」と現場の満足度を高めることによって、本社スタッフの満足度も高まるという相乗効果を得やすいのです。

本社の大きなミッションは、2つあります。それは、「仕事をしやすくなった」と感じられる現場の満足度向上と、本社の運営効率化によるコスト抑制です。

保科は、天守再建を見送ってコストを抑えただけでなく、江戸の生活再建に資金を振り向けたのです。このことにより、大火で被災した多くの民衆から感謝されつつ、江戸の再建が進んだのです。

なお、私がコンサルティングをした会社は、その後、外資系企業に買収され、現場の環境改善が図られたとともに、本社機能のスリム化が進められました。
その結果、営業スタッフのモチベーションが高まり、売り上げの向上につながっています。

本社のあり方のポイント

1 **本社スタッフが本社機能だけでは収益はあがらないという意識を共有する**
2 **本社はコスト抑制による効率的な運営で利益貢献する**
3 **現場の満足度向上とコスト抑制を本社のミッションとする**

リーダーの
悩み

新しいことに挑戦しようとすると、いつも反対する人がいます

内部はもちろん、外部に味方がいないか探してみよ

島津斉彬《なりあきら》

島津斉彬（1809～58年）は、幕末の薩摩藩（鹿児島）の藩主。西洋への興味が強かった曾祖父・島津重豪《しげひで》（1745～1833年）の影響を受け、青年期より欧米の学問に興味を抱く。父親との対立から、長いこと藩主の地位を承継できずにいたものの、江戸幕府の後押しもあり40歳過ぎに藩主となった。藩の富国強兵を進め、軍艦の建造、工業化の推進など、当時としては先進的なとり組みを進める。その一部である史跡・旧集成館は現在でも鹿児島市で見ることができ、世界文化遺産にも登録されている。有能な人材の抜てきも進め、西郷隆盛（1827～77年）は斉彬に抜てきされたことが、世に出るきっかけとなった。黒船の来航（1853年）以降、海外からの脅威に対抗するため、幕府と藩でバラバラな幕藩体制から日本を1つにすることが必要と考え、中央への政治参加を目指したが、井伊直弼《なおすけ》（1815～60年）らの幕府保守派に阻まれる。これに対して、武力による政治参加を目指そうとするが、その直前に急死。その志は、弟の島津久光（1817～87年）や、藩士である西郷隆盛や大久保利通（1830～78年）に引き継がれ、明治維新につながっていく。

新規事業の立ち上げを強硬に反対される

幕末の薩摩藩主で名君と評される島津斉彬は、青年期からヨーロッパの学問や国際情勢に興味を抱いていました。日本が産業面で欧米列強に後れをとっていること、このままだと植民地となる恐れがあることを認識していました。

そのため藩主になる前から、日本が1つにまとまり、産業を興して豊かな国（富国）に生まれ変わり、国を守るために軍備を強化（強兵）すべきだと考えていました。

もちろん、産業を興すといっても、そう簡単なことではありません。先行投資が必要になりますから、失敗したり、ある程度早期に資金回収できたりしなければ、薩摩藩の財政を悪化させかねません。そのため、藩内には強硬な反対派がいました。

反対派の存在は、斉彬が藩主になることを遅らせ、お家騒動にまで発展したのでした。

何よりやっかいだったのは、斉彬の父親で薩摩藩主の島津斉興《なりおき》（1791～1859年）が、反対派の中心人物だったことです。

その背景として、斉興の祖父である島津重豪《しげひで》が蘭学（オランダ語による西洋の学問や技術）に没頭するあまり藩の財政が悪化したこともあって、斉彬も重豪同様に財政を悪化させるのではないかという懸念があったのです。

しかし、海外の脅威を感じ始めていた江戸幕府は、富国強兵を進める斉彬を支持し、反対派の斉興に引退を勧告しました。そして、斉興は引退し、斉彬が薩摩藩主を継ぐことになったのです（1851年）。

この斉興への引退勧告は、斉彬が幕府の老中である盟友の阿部正弘（1819〜57年）と連携して画策したものとも考えられます。

斉彬が薩摩藩主に就任すると、産業興しに着手します。これは鹿児島湾に面する「集成館」というところで進められたため、「**集成館事業**」とも呼ばれています。

工場を建設して、製鉄・造船・紡績といった領域に力を入れ、大砲の製造から洋式の船の建造、武器・弾薬から食品の製造、ガス灯の実験なども行われ、日本初となる蒸気船もつくられています。

集成館事業は、斉彬の死により一時縮小しましたが、その後、薩摩藩と友好関係を結んだイギリスの協力のもと再度立ち上げられ、イギリスやオランダから最新機器を導入した工場を建設するなど、日本の近代化に向けた殖産興業が進みました。

集成館事業は2015年に「明治日本の産業革命遺産」として世界文化遺産に登録されました。1865年竣工の機械工場は構成資産の1つで、博物館「尚古集成館」として公開され、庭園内には構成資産の「反射炉跡」も残っています。

ちなみに私もその地を訪ね、斉彬のとり組みに思いを馳せました。

リスクを負った英断が「ゆでガエル現象」を回避する

私がコンサルティングをしている会社にも、既存事業だけでは先細りになる危機感から、新製品をつくるために新工場を建設したり、従来よりも大規模な店舗を出店したりと、果敢に先行投資をするケースがみられます。

新規事業への先行投資は、つねにリスクがともないます。しばらくは事業単体で赤字が続くかもしれませんし、日の目を見ないまま失敗に終わることだってあるかもしれません。

そのため、このような新しいことへの挑戦は、社内外からの反対がつきものです。

実際、私がコンサルティングをしていた売上高50億円規模の化学品メーカーでは、新製品をつくるための新工場を建設しようとして、経営者が社内で猛反対にあったケースもありました。

しかし、この経営者は、「この投資をしなければ、会社は衰退する」と説得し、リスクを承知で新工場を立ち上げました。この英断が功を奏して、現在では新工場でつくられる製品が、同社の主力製品となり、屋台骨になっています。

しかし、残念ながら、このような事例が多いとはいえません。

日本経済新聞社が実施した2022年の「主要商品・サービスシェア調査」によると、世界市場における日本企業の品目別のシェア首位は63品目中6品目止まりでした。首位の品目はアメリカが22と最多で、続く中国は16と日本は大きく水をあけられています。

その記事によると、造船など一部で健闘する日本企業が見られたものの、成長市場でのシェア低下が目立ち、存在感を示せない日本の現状が浮き彫りになっています。

車載用リチウムイオン電池やスマートウオッチなど、新世代の分野は米中韓に押されている状況なのです。

これは、日本企業が積極的に新規事業にとり組んでこなかったことも一因とされています。

では、新規事業というリスクに挑戦するためには、どのようなリーダーシップが求められるのでしょうか？

島津斉彬

まず、**なぜ新規事業が必要なのかをリーダーが明確に示すことが欠かせません。**

島津斉彬は、このままでは日本が欧米列強の植民地となりかねないという危機感のもと、富国強兵・殖産興業を訴え、反射炉の建設、ガス灯の製造など、軍事の発展にも寄与したのです。

しかし、多くの人は、現状の居心地がよければよいほど、リスクを負ってまで新たなチャレンジをすることに抵抗感を抱きやすいものです。

進む先にじつは危険が迫っているとしても、変化が緩やかだと気づきにくく、気づいたときにはもう手遅れになっているという「**ゆでガエル現象**」のようなものです。

運命共同体である会社組織が、そのような状態に陥らないために、新たな挑戦をしなければならないことを、理路整然とリーダーが説かなくてはならないのです。

現在、自動車各社のトップがガソリン車からＥＶ（電気自動車）やＦＣＶ（水素を燃料とする燃料電池車）にシフトすることを説いているのは、市場に対してと同時に、社内に向けて危機感を伝えている面もあると思います。

社内のリソースだけでなく社外にも目を向けてみる

リーダーがいかに新規事業の意義を明確にして伝えたとしても、社内からは「そんな事業に投資しても無駄ではないのか」「失敗したらどうする」という慎重派・反対派の声は少なからずあがってくるものです。

もちろん、そうした声に耳を傾けつつ理解を求めることも必要ですが、実際のところ反対者を1人も出さずに全会一致で進められることは、そうそうないでしょう。

そもそも、全員賛成しないと何もできないというのでは、組織としてまっとうな姿とはいえません。

反対派がいるなかでも、組織の承認を得て進めることもありますが、そのときには上位のポジションにいる人や組織外の支援があると力強いです。

斉彬も、父・斉興を含む反対派からの反論に直面しながらも、江戸幕府の支援があったからこそ薩摩藩主になれて、集成館事業を進めることができたのです。

いざというときに支援を得るには、日ごろから上位者や外部との関係を構築することも大事です。

また、新規事業に必要なスキルやノウハウをもつ人材が、社内にいないことも多いです。すべてのリソースを社内で調達することも考えられますが、**協力を得られそうな社外のパートナーと関係を築くことも、リーダーの役割です。それが結局は不必要な時間や出費を節約することにもつながります。**

薩英戦争（1863年）に敗北し、イギリスの軍事力を目の当たりにして、西洋化を進めた薩摩藩は、イギリスから技術者を招いたり、オランダの機械を導入したりと、集成館事業を発展させました。

このような他国との連携も、斉彬の遺志を継いだ薩摩藩主・島津忠義（1840〜97年）や、その父で最高権力者だった島津久光のリーダーシップがあったからです。

以前は注文住宅専業だった売上高100億円規模のハウスメーカーでは、新規に建売住宅事業を立ち上げるにあたり、そのノウハウがある外部のコンサルティング会社から支援を受けました。

コンサルティングフィーはかかるものの、結局はスピード感を持って建売住宅事業を立ち上げて、軌道に乗せることができました。

コンサルタントである私がいうとポジショントークのように思われるかもしれませんが、すべてを自社内で進めようとせず、外部の協力を上手に得ることも、リーダーシップの1つの要件なのです。

新規事業立ち上げのリーダーシップのポイント

1 新規事業の意義を明確にしてメンバーに伝える

2 反対派に理解を求めるために社内だけでなく社外との関係を構築

3 自社に足りないものがあれば外部の協力を得る

リーダーの
悩み

社内の感情的な抵抗からM&A（合併・買収）が進みません

ほんならお互いが強みとする
ものを出し合ってみるぜよ

坂本龍馬

坂本龍馬（1835～67年）は、幕末の志士。土佐藩（高知）の下級武士の家に生まれる。下級武士とはいえ、坂本家は豪商の分家で豊かだった。青年期は剣術に励み、名門・江戸京橋桶町北辰一刀流千葉道場では塾頭を務めた。土佐に戻り、当時の流行であった尊王攘夷《そんのうじょうい》（天皇を中心として外国を打ち払う）運動に参加したものの、運動に疑問を感じたこともあり土佐藩を脱藩。幕臣の勝海舟（1823～99年）の門下生となり、勝の主導で設立した「神戸海軍操練所」に入所し、航海術などを学ぶ。ところが、勝の失脚とともに神戸海軍操練所が閉鎖され、薩摩藩の支援を受けて日本初の株式会社となる「亀山社中《かめやましゃちゅう》」を長崎に設立。薩摩や長州の交易を支援することで、薩長同盟（1866年）の締結に関わる。その後、土佐藩の支援を得て「海援隊」を設立（1867年）。土佐藩とともに平和的な新しい時代への移行を目指し、江戸幕府の自主的な政権放棄となる大政奉還（1867年）を実現する。その直後、何者かに京都・近江屋で暗殺される。現在も京都の霊山墓地に多くの幕末同志とともに葬られている。

経済連携を仲介して激しい憎しみをやわらげる

幕末、江戸幕府に対抗していた2つの藩がありました。それは長州藩（山口）と薩摩藩（鹿児島）です。もっとも、この2つの藩同士も、とても仲が悪かったのです。

幕末の政治の中心だった京都で、薩摩藩は会津藩とともに陰謀を企て、長州藩を京都から追放した八月十八日の政変（１８６３年）により、長州藩の恨みを買いました。

そして、長州藩が京都を攻めた禁門の変（１８６４年）で、京都の市街地に大火を招きつつ、薩摩・会津の両藩が激戦を繰り広げ、長州藩を返り討ちにしたのです。

こうした経緯があるため、**とくに薩摩藩に対する長州藩の憎しみには、激しいものがありました。**


一方で薩摩藩は、長州藩を京都から追い出したものの、江戸幕府が存続する限りは日本をリードできるわけではありません。それどころか、幕府によって薩摩藩が討たれる可能性があるとさえ考えました。

そのため、**一度追い落とした長州藩と手を結ぶことを考えるようになったのです。**

もちろん、激しく薩摩藩を憎んでいる長州藩に、「京都では悪いことをしました。やっぱり一緒に手を結んで幕府に立ち向かいましょう」などと持ちかけたところで、すんなりと合意を得られるわけがありません。

そこで考えたのが、坂本龍馬が設立した「亀山社中」を活用した薩摩藩と長州藩の経済連携でした。

まず亀山社中は、薩摩藩経由で、長州藩に最新の武器を供与しました。当時、幕府の監視対象となっていた長州藩は、イギリスなど海外から軍艦や新式銃などの最新武器を自由に購入できなかったのです。

そこに目をつけた坂本龍馬は、長州藩の桂小五郎（木戸孝允）と薩摩藩の西郷隆盛、両藩のリーダーを説得し、薩摩藩の名義でイギリスから軍艦や新式銃などを購入し、長州藩に供与することを提案したのです。

両藩のリーダーから了承を得て、後に初代総理大臣となる長州藩の伊藤博文（１８４１～１９０９年）などが長崎に潜入し、亀山社中のメンバーのサポートを得ながらイギリス・グラバー商会のトーマス・グラバーから最新兵器を購入します。

これにより長州藩は武力を拡充することができ、日本陸軍の創始者で兵器・軍制の近代化を目指した大村益次郎（１８２５～69年）の指導を受けながら、対幕府戦で勝利を収めることができたのです。

逆に、長州藩から薩摩藩に供与されたものもあります。それは戦時における軍兵の食糧米（兵糧米）です。薩摩藩は、京都に多くの兵士を抱える軍隊を置いており、そのための兵糧米を必要としたのです。

坂本龍馬から長州藩に、薩摩藩への兵糧米の供与を依頼したところ快く承諾し、５００俵を準備しました（薩摩藩が受けとらず、亀山社中が受けとったともいわれています）。**これは、米の生産量が少ない薩摩藩に対して、長州藩は米の生産が盛んなことに着目したものでした。**

このように薩摩藩から長州藩には最新武器を、長州藩から薩摩藩には兵糧米を相互に供与することにより、徐々に感情的なわだかまりは解けていきました。

こうした経緯を踏まえて、ついに薩長同盟が成立し、時代は一気に明治維新へと向かっていくのです。

感情的な抵抗でM&Aが難航したらどうするか

かつてM&Aというと「身売り」のイメージがあり、買収されるほうからすると、否定的にとらえられました。しかし、市場の縮小や後継者難といった時代の変化のなかで、いまや大なり小なり会社のM&Aは当たり前となっており、否定的にとらえる人は少なくなっています。

M&Aは買収する側・買収される側の業種によって、2つのパターンがあります。

1つは異業種の会社を買収するパターンで、自動車メーカーがIT企業を買収するようなケースです。

買収する側が新規事業に進出したり、自社が弱い領域を補完したりするために買収します。

こうした異業種間のM&Aは、未知の業種に進出するリスクはあるものの、同じ業界でないからこそ、買収される抵抗感が比較的小さいというメリットがあります。

もう1つは、買収する側が同じ業界の会社を買収するパターンで、自動車メーカーがほかの自動車メーカーを買収するようなケースです。

買収する側が業界内のシェア拡大を図ったり、スケールメリットによるコスト低減を狙ったりする目的があります。

こうした同じ業界内のM&Aは、すでに知っている業種ですから比較的リスクが小さいですし、同じような体制や設備のため、スケールメリットも得やすいでしょう。

しかし、同じ業界だけあって、感情的な軋轢《あつれき》が生じやすく、M&Aが成立しないこともあります。

実際、私がコンサルティングをしていた化学品メーカーは、将来的な市場規模の縮小と、後継者難により、M&A(買収されるほう)を検討していました。

しかし、競合他社に買収されることに対する社内の抵抗感が強く、その後、M&Aは進んでいません。このような会社(業界)は少なくないのではないでしょうか。

M&Aをしなければ会社が生き残るのが容易ではない状況でも、感情的な抵抗感によりM&Aが進まない……そんなとき、リーダーはどのようにとり組むのがよいでしょうか?

経済連携を通じて人間的にもつながっていく

薩摩藩と長州藩は、薩長同盟を結ぶ前、坂本龍馬の仲介により経済連携を進めることで、とくに長州藩が薩摩藩に抱いていた激しい憎悪をやわらげました。

このように両者が一体となる前に、仲介者を挟むなどして経済連携を進めて、お互いの距離を詰めていくことは、現代のM&Aでも有効な進め方です。

薩摩藩は西郷隆盛、長州藩は桂小五郎というリーダーが、坂本龍馬の仲介により、それぞれの強みを活かすことで相互連携を進めることができました。

同じように、現代でもお互いの強みを相互に提供することにより、経済連携を進めていくことができます。

たとえば、お互いが異なる技術領域で強みがあるのであれば、新規の商品やサービスを共同開発することも考えられます。自動車メーカーでも、メーカー同士の連携がよく行われています。

このような経済連携は通常、両社の主要メンバーでプロジェクトチームを組んで進めていきますが、このときに坂本龍馬のような仲介役を入れることも有効です。

これもポジショントークのように思われるかもしれませんが、現代においては外部コンサルタントが入ることにより、中立的な立場で両社の強みを引き出して進めることがよくありますし、実際に有効な手段となります。

このプロジェクトチームを推進するなかで、お互いの強みを活かすとともに、お互いのメンバーが交流を深めるように、リーダーが仕向けることも大事です。

坂本龍馬

プロジェクト内でのミーティングはもちろん、ざっくばらんな懇親会（飲み会）の場を設けることで、人間的なつながりを深めていくことも功を奏すことが多いです。

なんとなく古めかしい昭和的なアプローチのように感じるかもしれませんが、実際のところこのようなとり組みの積み重ねが、両社の感情的な軋轢や抵抗感をやわらげ、その先のM&Aの実現に進めることができるのです。

将来的なM&Aも見すえた経済連携を進めるポイント

1 **リーダーがお互いの強みを把握して活かす**

2 **お互いの強みを引き出し、仲介する外部コンサルタントを活用**

3 **お互いのメンバーが交流を深めるようにリーダーが仕向ける**

時代の変化をもっと早く認識していたら……

山本五《い》十《そ》六《ろく》の反省

山本五十六（１８８４～１９４３年）は明治から昭和にかけての海軍軍人。生家は幕末に新政府と戦った長岡藩（新潟）の武家であり、成人した後、旧長岡藩の家老だった山本家に養子に入る。アメリカに駐在武官（現在の防衛駐在官）として赴任したり、ハーバード大学に留学したりした経験から、アメリカの国力の強さを認識。軍艦同士の決戦が主流だった時代から航空戦の時代を予見するなど、先見の明があった。太平洋戦争前には連合艦隊司令長官に昇進。日米の圧倒的な国力差からアメリカとの開戦には反対していたが、開戦が決定してからはハワイ真珠湾の奇襲作戦を立案し、

真珠湾攻撃（１９４１年）を成功させる。しかし、その翌年のミッドウェー海戦（１９４２年）では敗れ、航空戦に必要となる空母を数多く失った。その後もアメリカとの戦いを指揮するものの、前線視察で赴いた南太平洋・パプアニューギニアのブーゲンビル島の上空で米軍の攻撃を受け、戦死する。現代の企業理念にも通じる「やってみせ、言って聞かせて、させてみせ、ほめてやらねば、人は動かじ」という格言でも有名。

過去の成功体験が現状判断を狂わせる

２００５年に公開された映画『男たちの大和／ＹＡＭＡＴＯ』は、反町隆史・中村獅童といった俳優が好演するなか、戦艦大和の壮絶な撃沈シーンが印象的でした。

その戦艦大和は、史上最大の軍艦として、太平洋戦争開始直後の１９４１年12月16日に就役しました。

第一次世界大戦（１９１４～18年）の後、戦争による悲劇を防ぐため、当時の5大国であった米・英・仏・伊・日の間で海軍軍縮条約（ワシントン海軍軍縮条約・１９２２年、ロンドン海軍軍縮条約・１９３０年）が結ばれました。

しかし、1929年の世界恐慌後、国際情勢が不安定となるなかで海軍軍縮条約の効力は失われました。

海軍軍縮条約では軍艦の製造が制限されていましたが、その効力が失われると、大国間で再び軍艦製造競争が起こることが想定されました。そのため、日本でも新しい軍艦をつくることになったのです。

しかし、5大国のなかで国力が劣る日本は、数多くの戦艦はつくれませんでした。そこで、数は少なくても高性能の大砲を備えた〝超大型の軍艦〟をつくることで、他国に対抗しようという発想になりました。そして、「戦艦大和」が誕生したわけです。

ところが、軍艦同士が大砲を打ち合って戦う時代は、終わりを告げることが予想されていました。

第一次大戦後、急速に進化した航空戦闘機により戦艦を攻めるようになれば、どんなに大きな軍艦でも劣勢に立たされることが想像できたのです。

このことを主張した人物こそ、海軍の幹部だった山本五十六でした。アメリカに留学した経験がある山本は、航空戦闘機の進化により戦い方が大きく変わることを予想していました。

そのため、戦艦大和の製造にも反対したのです。

しかし、日露戦争の日本海海戦（1905年）で、東郷平八郎（1847～1934年）が指揮する連合艦隊によってバルチック艦隊を破った成功体験がある海軍の多数派は、戦艦大和の製造に突き進んでいきます。

その結果、当時の国家予算のおよそ5％もの巨費を投じて、戦艦大和を完成させたのです。

艦内は広く快適な冷暖房完備で、エレベーター、ラムネやアイスクリームの製造機まであり、戦中とは思えない豪華な食事もあって、「大和ホテル」と揶揄《やゆ》されるほどでした。

山本五十六

ステレオタイプを捨て、大きくシフトチェンジする勇気

戦艦大和の就役の直前、山本五十六の予想通り、軍艦同士の戦いから航空戦闘機が戦艦を攻撃する戦いへと、時代はシフトしました。

いや、予想通りということではなく、山本五十六自身が指揮した真珠湾攻撃により、航空

戦闘機により戦艦を攻撃できることを世界に示したのです。

皮肉にも、日本は真珠湾攻撃の勝利を通して、戦艦大和が想定していた戦艦同士の戦いの時代を終わらせてしまったのでした。

このような戦いの変化により、巨費を投じて製造した戦艦大和が、戦艦同士で戦ったのは一度しかなく、ほとんど活躍することはありませんでした。

そして、米軍の沖縄上陸を前にして、沖縄に向かう途上、米軍戦闘機の集中攻撃にさらされ、1945年4月7日、鹿児島県の坊ノ岬沖で撃沈。三千余名もの尊い命とともに海に沈みました。

現代のガソリン車からEVへのシフトにも同じことがいえますが、近い将来に劇的なパラダイムシフトが想定されても、過去の成功体験が現在の組織的な合意形成の足かせになることがあります。

ステレオタイプを捨て去り、従来のやり方を大きくシフトチェンジするには、心理的にも抵抗が根強いものです。

実際、ＥＶの普及が予想されながらも、５年ほど前まで日本の自動車メーカーの経営者や経営幹部は、「それでもＥＶへのシフトには多くのハードルがあるから、なかなか普及しないだろう」と発言していました。

ところが現在では海外メーカーに遅れて、日本のメーカーもＥＶへのシフトが進んでいます。かつての大艦巨砲主義とまではいわないまでも、スピード感のある現代において、日本メーカーのＥＶ対応の出遅れが、国際的な競争力に影響を与えるかもしれません。

２０２４年に入り、グローバル市場ではＥＶよりもハイブリッド車の販売台数の伸びが上回っているという調査結果もあり、ＥＶ化の進展は不透明な面もあります。

このような将来見込まれる大きな変化への判断は、リーダーの大きな役割です。

かつての日本海軍は、このようなリーダーシップに欠け、過去の成功体験にとらわれたことで戦艦大和の製造につながり、結果的に巨費を投じた軍艦と多数の人命が一気に失われたわけです。

戦艦大和の教訓は、将来の大きなパラダイムシフトに対応するリーダーシップの必要性を教える歴史遺産として、今後も語り継いでいくべきだと思います。

難題解決をあきらめない姿勢を歴史に学ぶ

歴史上の人物を数多く学んで感じるのですが、偉人として名前を残すような人は、どんな難題であっても解決することをあきらめません。解決の手段がないかと考え続け、挑戦し続けるのです。

当時の最新兵器である手榴弾のような焙烙火矢《ほうろくびや》との対抗をあきらめず、船の形状にイノベーションをもたらした織田信長だけでなく、父親に反対されながらも薩摩藩の新規事業を立ち上げた島津斉彬、犬猿の仲だった長州藩と薩摩藩の関係を経済連携によって親密にした坂本龍馬――いずれも、目標の実現に向けて粘り強く問題を解決しようとしたことが共通点です。

そうした歴史に学んで、私は仕事上で難題がふりかかっても、「これは解決できない」とすぐにあきらめるのではなく、「どうにかして解決できる方法はないものか」としぶとく考えるようになったと思います。

これまで直面した難題のなかで印象的なのは、経営危機に陥った会社の資金調達を支援したときのことです。

厳しい資金繰りで1年以内に会社が傾いてしまうことが予測されながら、融資してくれる金融機関が見つからない状況が続きました。

社長もお手上げの状態でしたが、私自身は「なんらかの解決方法があるのではないか」と、粘りに粘って金融機関との交渉材料を模索しました。

そのなかで、収益性の改善に向けて、事業の見直しを盛り込んだ事業再生計画を作成。その計画をベースに粘り強く金融機関と交渉したのです。

この事業再生計画では、コストの適正化など事業再生の基本的なとり組みに加え、これまでの事業にはなかった商品開発や新規市場開拓を盛り込みました。

交渉は難航を極めましたが、事業再生計画を何度も見直したことによって、最終的には資金調達に成功。資金繰りを改善して倒産を免れたとともに、このときに作成した事業再生計画をもとに、収益を改善することにつながりました。

あきらめずに難題を解決する共通のポイントは、前例にとらわれず、柔軟に発想することです。織田信長、島津斉彬、坂本龍馬、みな前例にとらわれていません。

事業再生計画を作成したときもそうですが、難題を解決するには前例にとらわれず、柔軟に考えるしかありません。うまくいかなければ、その都度、見直して前進すればいいと割り切ることです。

また、そもそも歴史上の人物がどんな難題であっても解決することをあきらめないのは、その難題解決の先の世界を何がなんでも実現したいという信念があるからです。織田信長は天下統一、島津斉彬は富国強兵、坂本龍馬は薩長同盟など、それぞれが実現したい世界に対して強い信念をもっていたからこそ、難題を粘り強く解決しようとしたのです。

私自身、クライアント企業の事業再生をお手伝いするときには、技術力がある会社を存続させ、その会社が未来にわたってよい製品を世の中に届けてもらいたい、また多くの従業員と家族の生活を守りたいという想いがあります。難題解決の先の世界への信念があるほど、何がなんでも解決したいと思うものです。

こうした姿勢が評価されてか、手前みそな話になりますが、「まわりからみると難しいと思う問題も、軽々と乗り越えますね」と評価してくださる経営者もいます。

もちろん、歴史上の偉人と比べるとまだまだですが、難題に直面しても、あきらめずにとり組んでいくことをこれからも心に刻みたいと思います。

第3章

お金

は後からついてくる

リーダーの
悩み

なかなかコストを抑えることができません

周りから失笑されるくらいの倹約をしてみよ

徳川家康

徳川家康

徳川家康（１５４２～１６１６年）は、言わずと知れた戦国大名、江戸幕府の創始者。三河国（愛知東部）の小大名として生まれ、幼少期から青年期は隣国の織田家・今川家の人質として過ごした。桶狭間の戦い（１５６０年）で今川義元が討たれた後、今川家から独立を果たし、織田信長と同盟を結ぶ。その後は、東の武田家との戦いに集中し、武田家滅亡により勢力を拡大した。信長の死後、一時は豊臣秀吉と対立。秀吉陣営と織田信雄・徳川家康陣営の間で行われた小牧・長久手の戦い（１５８４年）では、互角の戦いをするも後に服従し、豊臣政権の重臣として秀吉の天下統一を助ける。秀吉の死後、石田三成と対立した関ヶ原の戦い（１６００年）に勝利し、江戸幕府を創設。将軍・大御所として幕府の制度や現在に通じる江戸のインフラを整備するとともに、晩年には大坂の陣（１６１４～15年）で豊臣家を滅ぼし、２６５年にわたる江戸時代の礎を築く。

便所紙を追いかけて庭まで走る倹約家

徳川家康は、倹約家として有名です。倹約とは、無駄づかいをしないで出費を抑えること。やみくもにお金を惜しむ吝嗇家《りんしょくか》（ケチ）とは異なり、無駄なことには出費を惜しみつつ、必要なことであれば惜しみなく出費する人です。

なぜ家康が倹約家となったのか。私は、次の2つの要因が大きいのではないかと思います。

1つは、家康の出身である三河（愛知東部）が、決して豊かではなかったこと。

織田信長や豊臣秀吉の出身地である尾張（愛知西部）は、戦国時代の終わりごろ（1598年）の石高が57万石だったのに対して、三河は29万石と半分くらいの規模でした。

しかも、家康が生まれたときの松平家（家康の実家）は、三河の一部しか支配しておらず、さらに石高が少なかったのです。

そんななか、東は今川家、西は織田家という強敵に挟まれていたのですから、少しでも対抗できる軍事力を備えるためには、無駄な出費を抑えて戦費を確保しなければなりませんでした。

もう1つは、家康が幼いころから織田家・今川家といった大勢力の人質になったことで、自己の欲望を抑制するようになったこと。

家康が人質として過ごした数え6歳から19歳という幼少期から思春期にかけては、人間のわがままや欲望が素直に表現されやすいです。

そんな時期に人質という環境で過ごしたのですから、自己のわがままや欲望を抑制することを強いられ、その後の人生に影響を及ぼしたのではないかと思うのです。

そんな家康の倹約家としてのエピソードがあります。

まず、食事についてです。当時の支配者の主食は白米が基本でしたが、家康は麦飯を主食としていました。単に麦飯が好きだったのかもしれませんが、米がお金のような役割をしていた当時、その米を減らさないための倹約だったとも考えられます。

というのも、**家臣が白米のうえに麦飯をのせて家康に差し出したところ、「そなたたちはわしがケチで麦飯を食べているとでも思ったのか。いまは乱世である。家臣たちに倹約させ、わし一人が贅沢なんぞできんのだ」と家臣を叱ったというのです。**

また、こんなエピソードもあります。

家康が天下をとった後のある日、便所から出てきたところ、便所紙が風に飛ばされて庭まで行ったのです。

すると家康は、庭に飛び降りて便所紙をつかんだのですが、その天下人らしからぬ振る舞いに、さすがに周囲は少し笑ったのです。

すると家康は、「**わしはこうして天下をとったのだ**」と言い放ったと伝えられています。

体裁や見えよりも、もっと大きな天下をとるという目標のために倹約を続けてきた家康の信念を感じます。

家康は生まれた環境やその後の人質生活により、自分の置かれた状況をきちんと受け止め、自分の欲望を抑制することができたのです。そのことが、倹約として無駄なことにお金を使わないことにつながり、大きな目標である天下とりを実現したのでしょう。

リーダーの見えや体裁がコスト削減を阻害する

会社全体にしろ、部門・チームにしろ、収益をあげるには、収入を増やすか支出を減らすか、そのどちらもやるかしかありません。

収入を一気に増やすことは難しいですから、手っとり早いのは節約です。つまり、経費やコストを抑えること。しかし、このときに1つの障壁が立ちはだかります。

それは、「自分が大きな予算を使えることを周囲に知ってほしい」「いいものを所有していることを見てほしい」といった体裁や見えです。

これは経営者によく見られますが、部門やチームのリーダーにも見られることです。

昔よりは減っているように感じますが、業績が悪化しているにもかかわらず、会社の経費を使って夜の街で遊ぶのが好きな人は、いまだにいます。

部門長も、経費申請した部下の申し出を却下すると、「こんなお金も出してくれないのか」「懐《ふところ》の狭い上司だ」などと思われるのを恐れて、承認してしまうこともあるでしょう。

これは、体裁や見えでコストが抑えられないリーダーの典型例といっても過言ではありません。

家康のライバルでもあった豊臣秀吉は、金箔瓦で彩られた大坂城、黄金の茶室、天正大判など、とにかく派手好きだったことで有名ですが、これは貧しい身分から天下人へと成り上がった秀吉が、派手にお金を使うことによって見えを張ろうとしていた面があるとも考えられます。

コストを抑えて利益を生み出す3つの目的

このような見えや体裁を乗り越えてコストを抑えていくためには、どうすればよいでしょうか。

まず大事なのは、リーダーとして支出を抑えて利益を生まなければならない理由をメンバーに示すことです。

そもそも「利益はなんのために生み出さないといけないのか」に明確に答えられないリーダーが意外と多いように感じます。

利益を生まなければならない理由とは、「利益を何に使うのか」に直結します。家康も戦費を蓄えて、天下とりに役立てるために倹約をしたわけです。

会社であれば、利益を生み出す大きな目的として、3つのことがあげられます。

コストを抑えて利益を生み出す3つの目的

1 不測の事態に陥っても存続するため
2 将来の成長に向けて投資するため
3 社員の待遇向上のため

これらの目的のため、どのくらいの利益が必要なのかをイメージすることも大事です。

そのように利益目標が明確になれば、その実現に向けてコストを抑える意識も高まり、見えや体裁にとらわれにくくもなります。

「大欲《たいよく》は無欲に似たり」ということわざがあります。大きな望みをもつ人は、小さな利益には目もくれないので、欲がないように見えるという意味ですが、欲深い人は利益を得られないともたとえられます。

家康が便所紙を追いかけて庭に飛び降りた姿を見て、まわりの人が笑ったように、欲深く見える姿を人は笑うかもしれません。

しかし、笑う人には笑わせておいて、リーダーはしっかりと組織を導いていく。大きな目標に向かってとり組めばよいことを家康の姿は教えてくれます。

コストを抑制するためのポイント

1　**なんのために利益を生み出さないといけないのかを掲げ、部下に伝える**

2　**目的の前では、リーダーは体裁や見えにとらわれない**

リーダーの悩み

来店するお客さんが少なく、来店しても買ってくれない

お客さんに喜んでもらえることを考えよ

三井高利

三井高利

三井高利（1622〜94年）は、伊勢松阪（三重）に生まれた江戸時代初期の商人。若いころに江戸へ出て呉服店で働いたが、兄たちからその商才を妬《ねた》まれ、松阪に戻る。その後、金融業などで成功し、江戸への再進出の機会をうかがっていた。そして、兄が亡くなった高利52歳のときに江戸へ出て、「三井越後屋呉服店」（現在の三越伊勢丹）を開業した。なお、江戸で実際に店舗を運営したのは高利の長男で、高利は手紙などで指示を出していた。越後屋は大当たりして大繁盛、高利一代で築いた財産は7万両以上（1両の現在価値が約10万円とすると、約70億円以上）とされる。この越後屋が現代につながる三井グループの礎となった。

お客さんが何に困り、どう解決するかが商売の原点

三井高利は、呉服店の営業形態に革新をもたらしました。越後屋を開業するまでの呉服店は、次のようなものだったのです。

まず、「見《み》世《せ》物《もの》商い」「屋敷売り」といって、店内で販売せず、お客さんの家に訪問して見本や商品を見せながら販売していました。また、「掛《かけ》売り」といって、商品代金を6月や12月にまとめて支払ってもらっていたのです。

お客さんにとっては店舗に出向く必要もなく、後払いなので利便性が高いものの、1つ大

きなデメリットがありました。

それはコストがかかるため、どうしても商品の価格が高くなることです。

個別の訪問販売は人件費が膨らみますし、半期に一度しか現金が入らないとなると、資金繰りが悪化します。

商品代金を払わないお客さんが一定数発生する未収金リスクにも備えるとなれば、ほかのお客さんの支払いによって、全体の経営を支える仕組みが必要になります。

そのためには、商品の価格を高く設定しなければならないのです。

富裕層であれば、多少値が張っても買ってくれるかもしれませんが、コストパフォーマンスが悪いぶん、一般客には手が届きにくくなります。

そこで越後屋では、一般客にとっても手が届きやすい「安さ」を実現するため、「見世物商い」「屋敷売り」「掛売り」をやめたのです。

商品は店内販売、支払いは現金のみ、そのぶん「安さ」を実現することで、越後屋には多くのお客さんが詰めかけ、大繁盛したのです。

三井は、安さを実現しただけではありませんでした。

従来の呉服店は、着物にする織物を一反に仕上げた「反物《たんもの》」として販売していました。着物ではなく、小物をつくるために購入されるケースも少なくなかったのですが、それだと反物を丸ごと買っても、布がだいぶ余ってしまいます。

そのため越後屋では、反物を必要なぶんだけ切り分けて販売したのです。これは当時、ほかの呉服店ではやっていなかった革新的な販売手法だったので、さらに繁盛したのです。

安さにしろ、切り分けて販売するにしろ、結局のところ「お客さんが何に困っているのか」「どうすれば困りごとを解決して喜ばれるか」を考え、そのために「何をすればいいのか」を見極めることがカギであることがわかります。

顧客ターゲットを明確にして購買プロセスを書き出す

「店を開いたものの、来店客が少ない」「来店しても、なかなか買ってくれない」といったことに悩みを抱える小売店の経営者や店長、売り場のリーダーは少なくありません。

街の路面店だけでなく、ネット通販を展開しているショップも同じです。

私は経営コンサルタントとして、そんな相談をよく受けますが、**気をつけないといけないのは、すぐに「何をやるのか」に飛びつかないことです。**

どういうことかというと、広告を出す、イベント・セールを開催するといった〝場当たり的な施策〟に焦って飛びつかないということです。

もちろん、そうした施策も必要にはなりますが、それはあくまで起きた問題をやわらげるための「対症療法」なのです。問題の根治を目指す「原因治療」をしなくてはなりません。

それこそ、「お客さんが何に困っているのか」「どうすればその困りごとを解決して喜ばれるのか」という根源的な問題を突き詰めて考えるのです。

そのうえで「何をやるのか」を決めなければ、問題は根治できません。

それでは、どのような手順で「お客さんが何に困っているのか」「どうすればその困りごとを解決して喜ばれるのか」を検討すればよいのでしょうか。

私は、次のような方法をおすすめしています。

まずは店舗のリーダーやスタッフが、お客さんの立場になって（これが重要）購買プロセ

スを書き出します。

具体的には、お客さんが店舗の存在を知り、来店し、商品を探し、購買し、商品やサービスを利用するまでのプロセスを1つひとつ書き出すのです。

大事なポイントは、「店舗がターゲットとするお客さんは誰か」を明確にしたうえでプロセスを書き出すこと。顧客ターゲットを明確にするには、年齢、性別、所得、居住地、趣味・嗜好といった属性を具体化します。

富裕層と一般客では、購買プロセスが異なりますが、越後屋では一般客の視点で購買プロセスを明確にして、当時としては革新的な販売方法に至ったといえます。

「お客さんが困っていること」を徹底して考える

お客さんの立場で購買プロセスを書き出したら、次に「お客さんが何に困っているのか」を書き出します。

このとき、店舗のリーダーはスタッフと一緒に考えていきますが、徹底してお客さんの立場になって考えることを共有しなくてはなりません。

店舗で働く自分たちの立場で考えてしまいがちですが、そうなるとお客さんの困りごとには気づきにくいです。

手っとり早くお客さんの立場になるには、ネット上の口コミや店舗でのアンケートが、とても参考となります。

これらの情報をとり込んだうえで、データでは得られない日ごろの接客から得られる個人の行動や価値観に深く根差す〝暗黙知〟まで共有して、「お客さんはこんなことに困っているのではないか」と仮説を立てるのです。

越後屋の例でいえば、一般客にとって「値段が高い」「必要なぶんだけ買えない」ことが困りごとだったのです。

お客さんの困りごとを明確にしたら、次に「どのような工夫をすれば、お客さんの困りごとが解決して喜ばれるのか」を検討します。そして、「何をやるのか」を決めていくのです。

越後屋であれば、「屋敷売り」や「掛売り」がなくなっても一般客はさほど困らないし、それよりは価格の安さを実現したほうが喜ばれるのです。

私がコンサルティングをした年商15億円規模の鮮魚専門店では、お客さんが魚を買うとき、店側に切り身に加工してほしいと思っても、どのように頼めば（伝えれば）いいのかわからないという困りごとを見つけました。

その困りごとを解決して喜んでもらうため、魚の加工法を図解したパネルを数パターンつくり、それに番号をふることで、お客さんが「3番で加工してほしい」と簡単にオーダーできるように改善したのです。

とにかくお客さんの立場になって、細かな点から喜んでもらえる工夫をする。これは店舗運営や接客業だけでなく、製造業や卸売業にも通じる〝ビジネスの本質〟だと思います。

繁盛店づくりのポイント

1 **お客さんの立場になって購買プロセスを書き出す**
2 **お客さんが何に困っているのかを書き出す**
3 **どんな工夫をすれば、お客さんの困りごとが解決して喜んでもらえるのか検討する**
4 **具体的に「何をやるのか」を決めて実行する**

リーダーの悩み

会社で利益が出たのですが、有効な使い道がわかりません

利益を現在の事業でなく、新規事業に使ってみてはどうか

毛利重《しげ》就《なり》

毛利重就

毛利重就（1725〜89年）は、江戸時代中期から後期にかけての長州藩主。もともとは毛利家の分家の出身だが、長州藩主の本家に後継者がいなかったため、養子として本家を継承し、長州藩主となった。財政が厳しく赤字の状態であったことから、新たな税収を得るための徹底的な土地調査（検地）を実施し、6万石の増収をもたらした。そのうち4万石を藩財政とは別に、「撫育方《ぶいくかた》」という特別会計による組織を設け、藩内で生産された年貢米以外の生産物（米・紙・砂糖・塩・蠟《ろう》など）を管理し、江戸に運んで販売することによって、藩に莫大な利益をもたらした。この撫育方は重就が亡くなった後も成長し、長州藩は全国でも屈指の裕福な藩となる。この潤沢な資金は長州藩の倒幕活動でも活用され、明治維新に至る。毛利重就の知名度は一般的には高くないものの、長州藩の中興の祖であり、名君と評される。

新たな収益を先行投資してさらに潤う

毛利重就が長州藩主に就任したとき、長州藩はかなりの財政難だったため、財政の立て直しが喫緊の課題でした。そこで重就は、税収を得るために田畑の面積や収穫高を徹底的に調べる検地（生産力調査）に着手しました。

長州藩は積極的に農耕地の開発をしていたので、藩が把握していない田畑がたくさんあると考えたのです。実際、検地をした結果、6万石もの増収を得ることができました。

この増収分をどう使うか。これがリーダーとしての腕の見せどころです。

藩主の生活費や他藩の大名との交際費などにも使えたでしょう（江戸時代の武家は冠婚葬祭などの交際費負担が重かったのです）。また、もともと財政難だったので、借金の返済にあてるという選択肢もあります。

ところが、重就は4万石の税収をベースに「撫育方《ぶいくかた》」という特別会計による組織を設け、さらなる増収を図ったのです。

撫育方の資金で、下関を中心とする港をつくり、日本各地に物資を届ける船が長州藩内に立ち寄れるようにしました。

さらに、こうした船に対して荷物置き場を貸し出す倉庫業や、資金を貸し出す金融業も撫育方で運営し、大きな利益を得たのです。

また、藩内の産業育成も積極的に進めました。**とくに長門と周防（長州と防州）で生産を奨励した米・紙・塩は、いずれも白く輝く良質な名品であったため「防長三白《ぼうちょうさんぱく》」といわれ、長州藩外で高く売れました。**

郵便はがき

料金受取人払郵便

渋谷局承認

2087

差出有効期間
2025年12月
31日まで
※切手を貼らずに
お出しください

150-8790

130

〈受取人〉
東京都渋谷区
神宮前 6-12-17
株式会社ダイヤモンド社
「愛読者クラブ」行

本書をご購入くださり、誠にありがとうございます。
今後の企画の参考とさせていただきますので、表裏面の項目について選択・
ご記入いただければ幸いです。

ご感想等はウェブでも受付中です（抽選で書籍プレゼントあり）▶

年齢	（　　　）歳	性別	男性 ／ 女性 ／ その他
お住まいの地域	（　　　）都道府県　（　　　）市区町村		
職業	会社員　経営者　公務員　教員・研究者　学生　主婦 自営業　無職　その他（　　　）		
業種	製造　インフラ関連　金融・保険　不動産・ゼネコン　商社・卸売 小売・外食・サービス　運輸　情報通信　マスコミ　教育 医療・福祉　公務　その他（　　　）		

①本書をお買い上げいただいた理由は？
（新聞や雑誌で知って・タイトルにひかれて・著者や内容に興味がある　など）

②本書についての感想、ご意見などをお聞かせください
（よかったところ、悪かったところ・タイトル・著者・カバーデザイン・価格　など）

③本書のなかで一番よかったところ、心に残ったひと言など

④最近読んで、よかった本・雑誌・記事・HPなどを教えてください

⑤「こんな本があったら絶対に買う」というものがありましたら（解決したい悩みや、解消したい問題など）

⑥あなたのご意見・ご感想を、広告などの書籍のPRに使用してもよろしいですか？

1　可　　　　2　不可

※ご協力ありがとうございました。

増収分を先行投資して始めた撫育方は、重就が亡くなった後も続けられます。

これらの事業により蓄えられたお金は、幕末に長州藩が京都などで政治活動をしたり、軍備を整えて幕府と戦ったりする資金として活用されました。

重就が、新たな収益を先行投資に使っていなかったら、長州藩が栄えず、明治維新もなかったかもしれないのです。

不測の事態に備えた現預金を貯めておく

私は仕事柄、経営者や部門長と話をする機会が多いのですが、**「会社や事業が生み出した利益をどのように活用したいか」という点について、明確な意思のない人が少なからずいます（もちろん、明確なリーダーもいます）**。

利益が活用されないと、内部留保として会社に現預金が積み上がっていくことになります。

財務省が2023年に発表した法人企業統計によると、2022年度の大企業（資本金10億円以上、金融・保険業含む）の内部留保は511・4兆円と、年度調査として過去最高を更新するなど、日本企業の内部留保の貯め込みすぎが問題視される向きもあります。

しかし、内部留保は、コロナ禍のように想定外の事態に陥ったときの備えになりますし、社員の待遇改善の原資にもなりますから、それ自体が悪いわけではありません。

ただし、現預金を会社に貯めているだけだと、将来的な成長に向けた先行投資や社員の給料アップなどに、有効に活用されていないともいえます。

毛利重就も検地による増収を貯め込むだけで、撫育方を立ち上げていなかったら、その後の長州藩の成長はなかったはずです。

では、現代において会社や部門が生み出した利益は、どのように活用したらいいのかを整理してみましょう。

第一に、将来の不測の事態に備えて利益を活用することです。

近年は数年に一度は予想だにしないことが起きます。リーマンショック（2008年）、東日本大震災（2011年）、コロナ禍（2020年）……予想外の事態は、コツコツと積み上げてきた努力や工夫を短期間で吹き飛ばし、またたく間に業績を悪化させかねません。

このような逆境のもと会社を存続させるためには、ある程度は現預金を準備しておく必要があります。そのためには、利益を貯めておくことが第一です。

銀行からの借り入れでも現預金を準備できますが、借入金は利子とともに返済しないといけませんから、将来の資金繰りが悪化しかねません。実際、コロナ禍で過度に借り入れした会社には、返済に苦しんでいるケースもあります。

あくまで第一は、自ら稼いだ利益を貯めることで、第二は銀行からの借り入れです。

この現預金がどれくらい必要か。大企業であれば月商の1カ月分、中堅企業であれば1・2〜1・5か月分、小さな企業であれば1・7か月分くらいが目安とされています。

ただし、コロナ禍のように大規模な混乱に巻き込まれたら、それは緊急事態ですから、銀行からの借入金も活用して、さらに現金を積み増し、苦境を乗り越えなければならないこともあるでしょう。

江戸時代も天候不順などで急に米がとれなくなるなどの飢饉や災害に備えて、民衆に米や粟（麦・大豆・小豆を含む場合もある）を提供するための「義倉」や「社倉」がありました。

このように予想外の事態への備えは、昔から必要とされてきたのです。

新規事業への先行投資と社員の待遇改善

不測の事態に備えられる現預金を準備できるようになったら、**第二の利益の活用法として新規事業への先行投資を検討します。**

これは毛利重就が検地で増収を図り、増えた石高を新規事業ともいえる「撫育方」に投資したのと同じです。既存事業ではなく、将来の変化に対応できる新規事業に活用します。

もっとも、十分に利益を貯めてから新規事業に活用するのは、現実にはなかなか難しいケースもありますし、貯まるのを待っていたら新規事業が成長するタイミングを逃してしまうこともあります。

そこで、**自己資本と金融機関からの借入金を組み合わせることで新規事業を立ち上げ、しばらくは現在ある事業の利益を借り入れの返済にあてます。**

新規事業の立ち上げ当初は通常、赤字のため、借入金の返済はできないでしょう。既存事業の利益で借入金を返済しつつ、新規事業を育てるのです。

新規事業が順調に成長し、利益を出せるようになれば、その利益から借り入れの返済にあてることができます。

利益が貯まらないから新規事業を立ち上げられない、ではなく、現在ある事業の利益を信用力の裏づけとして、借入金を活用することも検討します。

実際、私がコンサルティングしている年商30億円規模の会社では、現在ある高収益事業の利益を信用力の裏づけに、銀行からの借入金で新規事業を立ち上げ、工場を新設。3年目にして黒字転換を果たし、5年目から事業単体で借入金を返済できるようになりました。

この事業は借入金の返済後も順調に成長しており、会社全体の収益力を高めたのです。

利益の活用法の第三としては、社員の待遇改善への投資です。

これは重就の事例にはありませんが、現代では考慮しないといけない活用法です。

会社は株主のものとされていますが、実際には商品・サービスを顧客に提供し、収益をあげている社員が幸せになることも、リーダーの使命といってよいでしょう。

不測の事態に備えて内部留保を蓄積しても、実際に働いている社員の待遇が改善されないと、他社への人材流出が進み、継続的に収益を生み出せなくなるかもしれません。

労働力人口（15歳以上人口のうち、就業者と完全失業者を合わせた人口）は、２０２２年平均で６９０２万人と、前年に比べ５万人の減少となっているなか、とくに若い働き手の人口が減っており、待遇改善により優秀な人材をひきつけることが、競争力のある商品・サービスを提供する源泉になります。

経営者だけではなく、部門長にとっても、優秀な人材をひきつけることが、今後ますます重要になってきます。

利益が増加したときは、不測の事態に備えた原資としつつ、それを超過する分については、毛利重就のように将来の成長につなげるような事業や人材への先行投資を検討するべきです。

利益活用のポイント

1 **将来の不測の事態に備える**

2 **新規事業に先行投資する**

3 **社員の待遇改善に活用する**

リーダーの
悩み

売り上げ増に向けて有効な手立てを見いだせずにいます

どのようにしたら高く買ってもらえるのかを考えてみよ

上杉鷹《よう》山《ざん》

上杉鷹山（1751〜1822年）は、江戸時代の大名、米沢藩主。もともとは米沢藩の上杉家ではなく、高鍋藩（宮崎）の秋月《あきづき》家の出身である。上杉家と遠縁であったことと、とても賢い子であったため、上杉家の養子として迎え入れられる。当時の米沢藩は、繰り返された領地削減や浪費などにより、極度の貧困にあえぎ、領民も次々と米沢から逃げ出すほどだった。鷹山は、経費削減や新規事業を起こすことで米沢藩を豊かにし、奇跡的にその財政を立て直す。江戸時代でも屈指の名君と評される鷹山は、海外での評価も高く、アメリカのジョン・F・ケネディ大統領が尊敬していたのは有名な話である。

原材料の産地から完成品メーカーに進化させる

江戸時代の藩の収入は、年貢米が中心でした。戦国時代から米がすべての価値の中心であり、お金のような役割を果たしてきたからです。

しかし、豊臣秀吉にかわって天下をとった徳川家康は、貨幣制度の全国統一に乗り出して、「大判」「小判」「一分金《いちぶきん》」などの金貨、「丁銀《ちょうぎん》」「豆板銀《まめいたぎん》」などの銀貨をつくりました。

さらに3代将軍・徳川家光の時代には「一文銭《いちもんせん》」などの銅貨（銭貨）もつくられるようになりました。

こうした金・銀・銅の３種からなる江戸時代のお金の制度を「三貨制度」といいます。

さて、年貢米による収入に頼っていると、次第に藩の財政が厳しくなっていきます。１６００年代の新田開発や農業技術の革新により、米が大量生産されるようになると、余るようになったからです。

各藩は大坂などで米を販売してお金を得ようとしますが、米が余ることにより米の値段が下がり、十分な収入が得られないようになっていったのです。

一方、江戸時代になり、世の中が平和になって商工業が発達した結果、生活に必要となる商品が市場で販売され、お金で売買されるようになります。

しかし、米を売っても十分なお金が入らない藩は、必要な商品を買うために借金をするようになり、財政が厳しくなっていたのです。

このような背景があり、各藩は収入を増やすため、米以外にお金を稼げる商品を開発するようになりました。

それは、米沢藩も例外ではありませんでした。そして、上杉鷹山が立ち上げたのは、「絹織物業」でした。

もともと、米沢藩では染料となる紅花の栽培が盛んで生糸をつくる養蚕業も育っていました。しかし、そのような原材料はあっても、絹織物そのものをつくる産業は育っていなかったのです。

原材料そのままより、原材料を加工した商品のほうが高値で売れます。

そこで鷹山は、米沢藩を原材料となる生糸や染料をつくる生産地から、絹織物をつくる完成品メーカーへと変貌させて、より大きな収益をあげることを目指したのです。

しかし、絹織物をつくる技術がないと、完成品メーカーにはなり得ません。そこで、絹織物の先進地であった新潟の小千谷《おぢや》から技術者を招き入れ、加工技術を教えてもらうことにしました。

その技術を学んだ武士の妻や子が、内職で絹織物をつくるようになったのです。これが米沢の絹織物業の始まりでした。

そうして生産された絹織物は、紅花などの植物染料を使った風合い豊かな先染め織物「米

沢織」として全国的に評価を得るようになり、高値で売れるようになったのです。

米沢織の販売が藩の収入を増やし、財政の改善につながっていきました。そして、鷹山が立ち上げた米沢織は現在、海外でも高い評価を得ています。

商品の付加価値を上げる方針をリーダーが示す

会社の業績を改善するには、「売上高を増やす」か「コストを減らす」か、その両方をやるしかありません。そのうち、ここでは売上高を増やすことについて触れます。

売上高というのは、商品・サービスの「単価」と「販売数」のシンプルな掛け算で決まります。

売上高＝単価×販売数

この公式を前提にすると、売上高を増やす方法は、次の2通りしかないことがわかります。

1 **商品の価値や評価を上げることにより単価を上げていく**
2 **コストを下げることにより単価を下げ、販売数を増やしていく**

基本的に1か2のいずれかを選択しますが、低コスト競争で勝つことができる大企業であれば2を選択できますが、中堅・中小企業であれば1を目指すのが得策です。

とはいえ、これまで販売していた商品の単価を急に上げれば、販売数が落ちるだけです（2022年からの原材料高にともない多くの商品が値上がりするような状況では別です）。商品の単価を上げるためには、商品の付加価値を上げて、お客さんの評価を上げるようなとり組みが必要です。

上杉鷹山の絹織物業のとり組みは、紅花や生糸という原材料をベースに絹織物という商品をつくることにより、付加価値を上げてお客さんの評価を上げ、単価を上げるとり組みだったといえます。

では、単価を上げるには、具体的にどのように進めればよいのでしょうか？

上杉鷹山

まずは関わる人の意思統一が肝心ですから、リーダーが商品価値向上のための方針を明確に提示します。

鷹山のように、原材料を加工して完成品をつくることで単価が上がって収益が増えることを伝えるのです。

私がコンサルティングしている売上高100億円規模の化学品関連の専門商社でも、商品を仕入れてそのまま売るのではなく、自社工場でお客さんの要望に合わせて素材を加工することで、商品単価を上げています。

その結果、現在では経常利益率が10％を上回る（業界平均4％程度）高収益な企業となっています。

ほかにも単価を上げる方法としてはいくつかの手段があります。

メーカーであれば、テレビや洗濯機といった製品に、以前にはなかった「機能」を追加することにより、単価を上げることがあります。

ＩＴ業界であれば、システムを導入した後、保守・メンテナンスなどの「サービス」を加えることも、システム全体の単価を上げることにつながります。

いずれにしても、商品の特性・特長を踏まえたうえで、どのような方法による単価向上が適切かを見定める必要があります。

「人」「モノ」「お金」「情報」「ノウハウ」の何が不足？

どのような方法で単価を上げるか決めたとしても、その実現に向けて不足しているものがあるはずです。

そこで、単価向上のために不足している点を明確にするステップが不可欠です。その際に「人」「モノ」「お金」「情報」「ノウハウ」という切り口で、不足している点を検討していくのが効果的です。

人の不足であれば、機能の追加に向けた「技術者」などが考えられます。上杉鷹山も米沢藩に絹織物業を立ち上げるにあたり、技術者が不足していたため、小千谷から職人を招き入れました。

モノの不足であれば、「製造設備」などが考えられます。ある商社では、商品の仲介に保管機能を加えることで単価向上を図りましたが、この場合には倉庫の拡充が必要となります。

お金は、人の採用やモノの導入に必要です。情報とノウハウは、何をするにしても必要となってきます。

このように、人・モノ・お金・情報・ノウハウの観点から不足しているものを、まずはシンプルに書き出していきましょう。

単価向上の方針説明と不足している点を明確にしたうえで、次にアクションプラン（実施計画）を作成します。

不足している点を解消するアクションは、人であれば採用・育成ですし、モノであれば設備などの導入、お金であれば銀行や市場からの資金調達、情報・ノウハウは外部からの情報収集などがあります。

それぞれの不足を解消するための計画とともに、単価向上のためのアクションを起こしますが、これは全社横断的に各部署から人材を選りすぐり、プロジェクトチームを組んで進めることをおすすめします。

単価向上は経営上の最優先課題になりますから、経営者自身がチームリーダーとなって進めなければなりません。

コンサルティングの現場でも感じることですが、経営幹部を含めた社員は、単価向上に向けたとり組みの必要性を感じながらも、目の前のことにいっぱいいっぱいで、こうした根本原因へのとり組みは後回しになりがちです。

これに対して単価向上に向けたとり組みの優先順位があがるようにメンバーを仕向けていくことは、経営者のリーダーシップの見せどころです。

実際には、単価向上は簡単なことではありませんが、成功すれば確実に利益の改善につながります。リーダーである経営者自身が全社を引っ張って実現しないといけません。

商品単価向上のポイント

1. **単価向上のための方針を明確にする（加工・組み立て、機能・サービス追加など）**
2. **実現に向けて不足している点を明確にする（人・モノ・お金・情報・ノウハウ）**
3. **単価向上に向けたアクションプラン（実施計画）を作成して実行する**

リーダーの
悩み

うちの会社は収益改善に向けて、コスト削減しか行われません

改革するなら売上・費用・利益の使い方を多面的に考えるべし

二宮尊徳

二宮尊徳（1787〜1856年）は、江戸時代を代表する農政家・思想家。小田原藩（神奈川）の豊かな農家に生まれたが、父親が資産を失ったことにより、幼年時代は苦しい環境に置かれる。しかし、尊徳自身の努力により、実家を再興。一方、小田原藩の家老の財政も立て直したことから、藩内で苦しんでいる地域の復興にも関わり、成功させる。さらには、小田原藩以外の地域復興にも貢献し、晩年には幕臣にとり立てられる。各地の復興から尊徳が打ち立てた復興政策は「報徳仕法」と称され、現代に至るまでの多くの政治家や経営者に影響を与えてきた。

経済と道徳の両立で立て直しを図る

二宮尊徳は独自の農法・農村改良策で、小田原や相馬などおよそ600村を復興しました。その復興政策は、経済と道徳の両立を目指したもので「報徳仕法」と称賛されました。

農村の立て直しの方法は、「分度《ぶんど》」「勤勉」「推譲《すいじょう》」「至誠《しせい》」と4つのコンセプトで構成されています。また、尊徳の説く「報徳」とは、過去・現在・未来を貫く「天・地・人」の徳に報いることを指します。

分度とは、あらかじめ定めた収入の範囲内に支出を収めること。現代でいえば、予算を立て、その範囲内にコストを抑えることになります。

二宮尊徳は収入が100石であれば、支出は半分の50石に抑えるべきだと教えています。

そのうえで地域の人たちに勤勉、つまり一生懸命働くことを求めました。一生懸命働き、分度で定めた以上の収入が生まれれば、そのぶんは丸々利益となるのです。

そして、生まれた利益は地域のために寄付したり、将来の子孫のために貯金したりする。これが推譲です。

ここまでを整理すると次のようになります。

分度：あらかじめ定めた収入の範囲内に支出を抑えること
勤勉：定めた収入以上に収入を生むよう頑張ること
推譲：生まれた利益を地域や子供の将来に使うこと

そして、これらのベースとして**至誠**、つまり「まごころ」を尽くすことが中心にくると考えました。**尊徳**は、この4つのコンセプトに基づいて地域復興を進めたのです。

分度にもとづいてコストを抑制すれば、赤字になることはありません。
勤勉により分度以上に収入を上げれば、そのぶん利益も生まれます。
推譲で利益を地域や子供の将来に使うのですが、たとえば地域の新田開発などに利益から先行投資すれば、将来の収入を増やすことができます。
至誠でまごころを尽くしていれば、これらのとり組みは着実に進むのです。
この報徳仕法により、多くの苦しい地域を復興したわけです。

この教えは明治維新以降も、多くの経済人に影響を与えました。

第一国立銀行（現・みずほ銀行）をはじめ数多くの企業を設立して「日本の資本主義の父」とも呼ばれる渋沢栄一（1840～1931年）、トヨタグループ創始者の豊田佐吉（1867～1930年）、松下電器産業（現・パナソニック）創業者の松下幸之助（1894～1989年）、京セラ創業者の稲盛和夫（1932～2022年）と、尊徳の影響を受けた経営者が日本経済の近代化を後押ししたともいえるでしょう。

コスト削減だけでなく、利益の使い方が大事

繰り返しますが、業績を改善するには「売上高を増やす」「コストを減らす」、もしくはその両方を実践することです。

しかし、売上高は販売先の事情もあるため、すぐには増やせません。一方、コストを減らすのは自分たち次第ですから、効果を上げやすいです。

このため、利益を底上げしようと、コスト減らしに注力しがちでもあります。

しかし、コスト削減で利益を上げることには限界があるため、商品や営業の収益性を改善して売上高を増やすとり組みも欠かせません。

また、コスト削減が目的化して、利益が生まれても有効に使われないと、将来に向けた先行投資がおろそかになってしまい、結局は先細りになりかねません。

では、どうしたらいいのか。**まさに二宮尊徳が唱えた「分度」「勤勉」「推譲」「至誠」で構成される「報徳仕法」が活きてくるのです。**

尊徳が教えた「分度」は、あらかじめ定めた収入の範囲内に支出を抑えることとありました。収入が100石なら支出は50石に抑えるということです。

現代のビジネスでいうと、保守的な業績見込みを立て、その範囲内にコストが収まるように計画していきます。

野心的な売り上げ目標を立てることがあるかもしれません。しかし、売り上げ目標は高めに設定されることがほとんどのため、これを基準とすると、総じてコストも高めになります。予算を立てるときには、現状の延長線上で確度が高い「売り上げ見込み」をもとに計画を立てるほうが利益を確保しやすくなるのです。

売上高について、尊徳が教えた「勤勉」では、定めた収入以上の収入を生むように頑張るとあります。

現状の延長線上に見込める増収要素は確実に実現しつつ、さらに営業面や商品面の改善により、売り上げ見込み以上の目標売上高を達成することが求められます。

具体的には、次のようなとり組みを進めることになります。

商品面であれば、たとえば近年の環境意識の高まりに対応して、CO_2の排出量が少ない原材料をベースとする環境対応商品を開発するなど、時代の変化に合わせた商品開発が考えられます。

また営業面であれば、これまで営業ができていなかった業界や海外を含むエリアなどを開拓する新規体制を構築して、ニーズを確認していくことなどが考えらえます。

利益の使い方について、「推譲」では地域や子供たちの将来に使うこととあります。

将来の業績を向上させるには、利益を先行投資する必要があります。先行投資には、生産設備への投資もあれば、人材獲得への投資もあります。

コンサルティングのなかでも、収益改善に向けてはコスト削減だけでは、やはり限界を感じます。正直に言うと、私もかつては収益改善に向けたアドバイスとしてコスト削減に片寄っていた時期がありました。しかし、コスト削減を進めるだけでは、一時的には収益が改善されるものの、将来的にまた悪化することが多いのです。

なぜなら、コスト削減の過程で優秀な人材や拠点設備が失われ、新たな収益の機会を損失してしまうからです。

そのような苦しい状況を経験した後、二宮尊徳の「報徳仕法」を知る機会があり、霧が晴れたように感じました。コストを抑制する「分度」の視点はあったのですが、収益をあげるための「勤勉」や、将来に向けて投資する「推譲」の視点が不足していたことに気づいたのです。

それからは、コスト抑制だけではなく、増収や先行投資による成長も意識した収益改善を目指すようになりました。コストを抑制しつつも、営業面・商品面のとり組みによる増収と、先行投資が収益改善には欠かせません。

収益立て直しのポイント

1 **かたい売り上げ見込みの範囲内にコストが収まるように計画する**
2 **営業面・商品面のチャレンジにより売り上げ目標を実現する**
3 **将来の増収に向けた先行投資に利益を使う**

かわいい息子が跡継ぎになることにこだわり過ぎた

豊臣秀吉の反省

豊臣秀吉（1537〜98年）は、戦国時代を終わらせた天下人。貧しい農民の出身ながら織田信長に見出されて出世を遂げる。織田家臣団の重臣となり、中国地方の大大名・毛利氏を攻めたが、本能寺の変で明智光秀が信長を殺害したため、その仇討ちとして明智を滅ぼす。その後、織田家でライバルであった柴田勝家も滅ぼし、信長の後継者としての立場を確立する。信長時代に征服できなかった四国・九州・関東・奥州を平定して全国を統一。その間、各地域の農業生産力を確認する検地や、武士と農民の分離を徹底する刀狩を行い、江戸時代に続く封建社会の基礎を固める。明(中国)

までの征服を目指して朝鮮出兵をするも、朝鮮の頑強な抵抗や明の朝鮮支援もあり、失敗。後継者問題でも実子・豊臣秀頼の誕生後は、いったん後継者とした甥・豊臣秀次を粛清するなど、晩年は内外ともに混乱が続き、秀吉死後の不安定要因をつくる。

幼児の息子に天下を譲ろうと甥に切腹させる

豊臣秀吉は62歳で亡くなりましたが、晩年の57歳のときに子、豊臣秀頼（１５９３～１６１５年）を授かります。

母親は秀吉の側室・淀殿《よどどの》（１５６９～１６１５年）。織田信長の妹・お市の方（１５４７～83年）の娘で、信長の姪《めい》です。

つまり、秀頼は、豊臣家と織田家の両方の血筋を引いた子なのです。

長年子宝に恵まれなかった秀吉は、自分の子がいないことを前提とした後継体制をつくり始めていました。

具体的には甥（姉の子）である豊臣秀次（１５６８～95年）を自分の後任「関白」の地位

に就かせて、豊臣政権の後継者として世間に示したのです。そして、秀次を補佐する大名をつけて、徐々に秀次への継承を進めました。

ところが、秀頼が生まれてからというもの、秀吉の態度は一変します。

秀吉と秀次の関係が悪化していき、最後は秀吉への謀反の疑いで秀次は切腹させられます。また、秀次の妻や幼い子たちも京都の三条河原で処刑されました。罪のない女性や幼い子まで処刑した残酷さは、秀吉晩年の最大の汚点の1つといえます。

切腹した秀次は、秀吉と徳川家康が戦った小牧・長久手の戦いで敗北したり、関白になってから乱暴な振る舞いが多かったりして、低い評価を与えられることが多い人物です。

もっとも、こうした低い評価は、**秀次の切腹を正当化するためにつくられた可能性があるとされ、実際の秀次は文武両道に優れ、善政を行っていたという記録も残っています。**

秀吉は高齢になってから生まれた秀頼がかわいいあまり、まだ幼児なのにもかかわらず、天下を譲りたくなった。**これが秀吉と秀次の関係悪化、切腹の最大の原因だと考えられます。**

この後、秀頼が6歳のときに秀吉は死去し、8歳のときには関ヶ原の戦いが起こり、徳川家康が勝利した結果、権力は実質的に豊臣家から徳川家に移りました。

当然ですが、幼い秀頼は、なんら主体的に動けずじまいです。

歴史に「もし」は禁物ですが、もし秀次が切腹することなく、秀吉の死後も政権の中心にいたら、徳川家康に権力が移ることはなく、大坂を中心とした豊臣政権は続いていたかもしれません。

後継者の資質が不足しているときの対処法

現代でも世襲で経営を受け継ぐことは、珍しくはありません。

同族企業の社長だけでなく、政治家や病院の院長・理事長など、世襲の例は枚挙に暇《いとま》がありません。

もちろん、世襲は悪いことばかりではありません。親族だからこそ代々引き継がれてきた考え方や責任感もあります。世襲するのが、最適解のケースだってあるのです。

しかし、それは後継者が、その地位に対して適切な資質をもっていることが大前提です。

経験や能力など資質不足の人物が後継者になっても、職責を果たすことは難しいのです。

秀吉も生まれたばかりで幼い秀頼が、天下を治める豊臣政権を継承できるのかどうか、冷静に考えるべきでした。その点は、的確な判断力で天下人となった、かつての秀吉の面影が感じられず、本当に残念です。

秀次を切腹させたことが豊臣政権の終焉、そして豊臣氏滅亡に向けた扉を開けてしまったといえます。

私がコンサルティングをした年商300億円規模の同族企業では、親族で切れ目なく承継するのではなく、子が継ぐ前に、必ず創業家出身ではない人を社長にあてていました。切れ目なく同族で承継すると、子が若すぎる場合があるため、経験を積むまで信頼できる人が社長を務めるという仕組みです。また、同族の子が、親族ではない社長のもとで、甘やかされずに経験を積めることも期待できます。

このような工夫も、とくに中堅・中小企業を存続させる1つの知恵だと感じます。

これまで仕事を通じて、多くの経営者・中間管理職・チームリーダーとお会いしてきましたが、成功して多くの人に尊敬されているリーダーほど、歴史に興味をもっていることが多い印象です。

それは、リーダーとして日々悩むなかで、目指すべきリーダー像を歴史から学ぼうとする人が多いからではないかと思います。

私自身、幼いころから歴史に学んできたことで、仕事における人付き合いで役立つことが多かったです。とくに多くの人が興味を抱く戦国時代や幕末、そのときのＮＨＫ大河ドラマを深掘りするのは、共通の話題として〝大きな武器〟になっていると感じます。

クライアントが好きな歴史上の人物について話すと、単に話が盛り上がるだけではなく、その人物を通して大切にしている考え方や価値観などを共有することができます。

たとえば、二宮尊徳を尊敬している経営者であれば、尊徳が提唱していた「報徳仕法」にある「勤勉」「至誠」といった考え方を大事にされていると理解できます。

また、織田信長を尊敬している経営者であれば「革新的な志向が強いのかな」と推測できます。

このような理解や推測は、経営者とのコミュニケーションを円滑にしてくれるのです。歴史を通じて親しくなった経営者から、ほかの経営者を紹介してもらいコンサルティングの仕事をいただいたことは何度もあります。

私が勤務している小宮コンサルタンツでは、経営者を対象とした合宿セミナーを開催しているのですが、以前の合宿で私は、内村鑑三著『代表的日本人』を底本に、本書にも登場している上杉鷹山・二宮尊徳・西郷隆盛などの話をしたことがあります。

手前みそではありますが、このときの話は好評を得て、あれから数年たっても、「あの合宿セミナーでの歴史の話はとても役に立ちました」と言ってもらうことがあります。

歴史や歴史上の人物の話題が、リーダー層との架け橋となり、大事にする考え方や価値観などを確認することができます。これはかなり実践的なビジネススキルではないかと思っています。

第4章

情報

を活かした者が
勝負を制する

リーダーの
悩み

一致団結して部下に動いてもらいたいのですが……

感情と筋道を組み合わせて話をしてみてはどうでしょう

北条政子

北条政子（１１５７〜１２２５年）は、平安時代末期から鎌倉時代初期の人物で、伊豆（静岡・伊豆地方）の豪族の娘として生まれる。当時は平家が繁栄している一方、源氏は没落していた。そんななか、その源氏の流人であった源頼朝（１１４７〜99年）と恋仲となり、周囲の反対を押し切って頼朝の妻となる。頼朝が反平家で挙兵した後は、平家打倒や鎌倉幕府の創始を陰ながら支え続ける。頼朝の死後、長男の頼家（１１８２〜１２０４年）が鎌倉幕府第２代将軍となるが、政子の実家である北条家と対立したため、頼家は将軍の地位から追放されたうえ、伊豆の修善寺にて非業の死を遂げる。そこで次男の実朝（１１９２〜１２１９年）が第３代将軍となり、朝廷での官位も右大臣という高位までなったが、頼家の子の公暁《こうぎょう》（１２００〜19年）に鎌倉の鶴岡八幡宮で暗殺される。頼家・実朝といった息子のほか、長女であった大姫（１１７８〜97年）にも先立たれている。実朝の死後、政子は「尼将軍」として弟の幕府執権・北条義時（１１６３〜１２２４年）とともに幕府の政治を進めたが、京都の朝廷の後鳥羽上皇（１１８０〜１２３９年）と対立を深め、承久の乱（１２２１年）で朝廷と戦うこととなる。承久の乱は鎌倉幕府の勝利で終わり、その後１８００年代まで続く武家政権の基礎をつくる。

同情を誘いメリットを示す見事としかいえないプレゼン

京都の朝廷と承久の乱で戦ったのは、鎌倉幕府の首脳にとってショックなことでした。なぜなら、古代より朝廷の敵（賊軍）が、勝ったためしがなかったからです。

幕府の首脳でさえショックを受けるのですから、多くの武士が動揺するのは言うまでもありません。

一歩間違えると、多くの武士が朝廷側につく可能性さえありました。

そこで武士たちに北条政子の屋敷に集まってもらい、政子から京都の朝廷・後鳥羽上皇を討つことを武士たちに訴えてもらったのです。

武士たちに向けて政子が、現代でいうところのプレゼンをしたのですが、その内容を山本みなみ著『史伝　北条政子　鎌倉幕府を導いた尼将軍』をもとに紹介します（なお、政子自身が直接話したのではなく、政子が書いた文章を代理の人が読み上げたという説もあります）。

まず、政子はプレゼンの冒頭で、大姫・頼朝・頼家・実朝と、自分が多くの親族に先立たれたことを嘆きます。いずれも武士たちが知っている人物なので、政子の嘆きは同情を誘いました。

さらに、後鳥羽上皇が「北条義時を討つ」ことを鎌倉討伐の名目としているため、それが実現してしまうと、5度目の悲しみが現実になると嘆いているのです。

北条政子

このように同情を誘って人心をつかんだうえで、本題に入ります。ここは現代語の訳文をそのまま掲載します。

「皆それぞれ心を一つにして聞きなさい。これは私の最後のことばである。亡き頼朝様は、源頼義・義家という清和源氏栄光の先祖の跡を継ぎ、東国武士を育むために、所領を安堵して生活を安らかにし、官位を思い通りに保証した。その恩はすでに須弥山（しゅみせん）よりも高く、大海よりも深いはずである。不忠の臣らの讒言（ざんげん、ありもしないことを言うこと）によって後鳥羽上皇は天に背き、追討の宣旨をくだした。名声が失われることを恐れる者は、早く藤原秀康・三浦胤義を捕らえて、三代将軍ののこした鎌倉を守りなさい」

（『史伝　北条政子　鎌倉幕府を導いた尼将軍』より）

ポイントは、源頼朝は幕府を開いたことで、「所領を安堵して生活を安らかにし、官位を思い通りに保証した」という部分です。

じつは鎌倉幕府ができるまで、武士は朝廷から尊重されず、京都での勤めなど重い負担を課されたり、官位もたいへん低いものだったりしました。

ところが頼朝が鎌倉幕府を開いたことで、武士たちは所領が守られるうえに負担が軽くなり、高い官位も得られるようになったのです。

その恩は、「山よりも高く、海よりも深い」ではないか、と政子は武士たちに訴えているのです。

これは裏を返せば、「京都の朝廷に鎌倉幕府が討たれるようなことがあれば、あなたたち武士は以前のように朝廷に重い負担を課されたり、官位も低くなったりしますよ、それでいいのですか？」と武士たちに問いかけているともいえます。

そして、締めくくりとして政子は、

「私は昔からものをはっきりいう人間だから、京都側について鎌倉を攻めるのか、鎌倉側について京都側を攻めるのか、ありのままに申せ」

とその場で武士たちに選択を迫っているのです。

武士たちの意思決定を後回しにすると、京都の朝廷側につく者が出ることを懸念したのでしょう。

同情を誘って人心をつかんだうえで、鎌倉幕府によって武士が享受したメリットを訴え、もし朝廷側に立つとそのメリットが失われることを胸に刻ませます。そして、考える時間を与えず、機運が高まっているその場で選択を迫るのです。

本当に見事なプレゼンです。実際、武士たちは政子に同情するとともに、鎌倉幕府側につくことが合理的な判断だと考え、一致団結して京都に向かって攻め上がっていったのです。

そうして、鎌倉幕府は京都の朝廷に勝ち、本格的な武士の時代が到来したわけです。

綿密な計画を組んでもリーダーだけでは実現しない

リーダーが大きな目標を立て、それを実行するために綿密な計画を立てたとします。リーダー自身は「よし、この計画を実現するぞ」と気合いが入るでしょう。

しかし、組織の計画というのは、当然のことながら、リーダーだけで実現するものではありません。部下たちが目標と計画に共感し、前向きに実行してくれないと、なかなか成功に導けません。

そのため、リーダーは部下たちに計画を伝えつつ、士気を鼓舞しなくてはなりません。しかし、パワーポイントやエクセルにまとめた資料を一斉メールして、会議でサラッと説明したくらいでは、部下たちの共感を得て、組織のポテンシャルを最大限活用して計画を遂行することにはつながりません。

なぜなら、理路整然とした論理的な説明だけではなく、〝リーダーの熱意〟が部下たちの心に伝播していくからです。

精神論的に聞こえるかもしれませんが、現代においてもリーダーの熱意は有効なのです。そうでなければ結局のところ、人の心は動かないからです。

人の心を動かすには、事前に用意した文章を読み上げるのではなく、リーダー自身の言葉で、その熱意を伝えることが重要です。ただし、リーダーの一方的な想いばかりでは、空回りする可能性もあります。

では、どのように伝えたら一致団結できるのか？　承久の乱のときの北条政子のプレゼンを振り返りながら考えてみましょう。

人間味を感じてもらえば、部下の気持ちを引きつけられる

北条政子のプレゼンは、初めから本題に入らず、これまで親族を失ってきた悲しみを伝え、これから弟の義時も失うことになれば、さらに悲しみを味わうことになると感情に訴え、武士たちの同情を誘うところから始まっています。

このように、初めから本題に入らず、リーダー自身の人間味を感じられる話で感情に訴えかけ、部下の気持ちをひきつけることは有効です。

プレゼンをするとき、その場の主体は話し手であり、聞き手は受け身にならざるを得ません。つまり、聞き手は話を聞いても聞かなくても、その場は成立してしまうのです。

そんななかで、リーダーが初めから進むべき方向について淡々と話しても、聞き手である部下の心には響かないでしょう。

部下たちが前向きに話を聞く気持ちをつくるためには、本題に入る前にリーダーの人間味が感じられるような、メンバーの感情を揺さぶる話をしてみましょう。

たとえば、これまで直面した困難で苦しかったことや、それを乗り越えるために得られた協力に対する部下たちへの感謝などがあります。

私は、クライアント企業が次年度の経営計画を社員向けに発表する「経営方針発表会」を開くとき、冒頭に昨年度の振り返りから入ることをおすすめしています。

淡々と昨年度の数字を振り返るのではなく、うれしかったことや苦しかったこと、またそれらを乗り越えられたのは社員全員のおかげだったことを感謝の気持ちとともに伝えるのです。

そこにリーダーとしての想いが入れば入るほど、部下たちの気持ちはひきつけられ、その後の話にも傾聴しやすくなります。

プレゼンの直後に部下に意思表明してもらう

北条政子は武士たちの同情を引き寄せたうえで、京都の朝廷を討たないと以前と同じような重い負担を課されたり、官位も低くなったりすることを想起させました。

このようにリーダーは自分たちが目指す先に、どんなメリットがあるのかを示し、合理的に判断できるように、わかりやすい選択肢を与えると効果的です。

これも先ほど触れた経営方針発表会での話ですが、発表する経営者には本題に入る前に、自社をとり巻く脅威や課題について触れることもおすすめしています。

なぜなら、「現状のままでは成長はもとより現状維持さえ難しくなる」という危機感を全社で共有するためです。

市場規模の縮小や人手不足といったマクロな視点から、顧客ニーズの変化や競合の増加といった自社をとり巻く環境の変化について話すのです。

そうした環境の変化を踏まえた事業の見直しや新規事業の立ち上げなど、自分たちが目指すべき経営方針を提示するのです。

業種によっては、縮小する国内市場から海外市場へのシフト、顧客ニーズの変化にともなう商品・サービス構成の見直しといったことが考えられるでしょう。

それが今後の成長につながることを部下たちが合理的に理解できて、共感を得られるのであれば、その実現に向けて主体的に力を注いでくれるようになりやすいです。

北条政子はプレゼンの締めくくりとして、その場で武士たちに選択を迫りましたが、参加者の決意が揺らぐことを防ぐことも有効です。


同じようにその場で選択を迫り、参加者の決意を固めた歴史的事例として、関ヶ原の戦いの前哨戦ともいえる軍議「小山評定《おやまひょうじょう》」があります。

徳川家康と味方の諸大名は、敵対する会津（福島）の上杉景勝を討とうとして小山（栃木）まで行ったのですが、ここで石田三成が家康打倒を掲げて挙兵したことを知ります。

そこで家康は諸大名に「このまま上杉を討つべきか、反転し西へ上って石田を討つべきか」の意思決定をその場で迫ったのです。

ここで石田を討つことで一致した家康と諸大名は、石田打倒を目指して西に向かい、最終的に関ヶ原の戦いで勝利したのです。


「鉄は熱いうちに打て」といわれるように、リーダーのプレゼンの直後に部下たちが新たなチャレンジでどのような貢献ができるのかを意思表明してもらう。この〝即時性〟が効果的

で、私もコンサルタントとしておすすめしています。

そして1年後にでも、部下が意思表明したことを実現できたかを人事評価する。そのようなサイクルで、組織の経営方針にコミットする姿勢が根づいてきます。

リーダーのプレゼンを通じて、まずは感情面でひきつけ、合理的に進むべき道を選択できるようにして、部下たちが実行できるようにする。

北条政子のスピーチには、現代でも活かせる学びがたくさんあります。

スピーチを通してメンバーに共感してもらい、動いてもらうためのポイント

1 **リーダーの人間味を感じられる話で部下の心を揺さぶり、気持ちをひきつける**
2 **目指す方向にいくとどんなメリットがあるのかを合理的に判断できるように伝える**
3 **スピーチの直後、部下がとり組むことについて意思表明してもらう**

リーダーの
悩み

組織としてやるべきことが決まっていても、
なかなか部下たちをまとめて動き出せません

天下をとりたければ、ちょっとでも早く動くことだ

豊臣秀吉

情報収集力と段取り力の高さで実現した〝世紀の大移動〟

本能寺の変（１５８２年）で織田信長が死んだとき、明智光秀以外の織田家の重臣は、京都を中心とした畿内（近畿地方）から遠くにいました。

柴田勝家（１５２２?～83年）は北陸の上杉家と、滝川一益（１５２５～86年）は関東の北条家と、羽柴秀吉（後の豊臣秀吉）は中国の毛利家と、それぞれに戦っていたのです。

おそらく明智光秀は自分の勢力を広げようと、このような重臣不在の隙を狙って、信長を襲ったのでしょう。

しかし、明智光秀の思うようにはいきませんでした。中国地方にいた羽柴秀吉が、とても速いスピードで畿内に戻り、明智との山崎の戦い（１５８２年）で勝利したからです。

どのくらい速いスピードだったのかというと、本能寺の変が発生したのが１５８２年６月2日。そのわずか11日後、６月13日には山崎の戦いで秀吉が明智に勝利しています。

この間、秀吉は戦っていた毛利家と和睦する必要があり、備中高松城（岡山）から移動できたのは6月4日〜6日ごろ（諸説あり）とされています。

高松城から山崎までの距離は200㎞ほどありますが、これほどの長距離にもかかわらず、3万人を従えて7〜9日間で移動したのです。

この中国地方からの驚異的な移動は、「中国大返し（備中大返し）」と呼ばれています。

なぜ秀吉は、中国大返しをやり遂げることができたのでしょうか。諸説あるところですが、次の2つが有力視されています。**それは秀吉の「情報収集力」と「段取り力」の高さです。**

情報収集力については、秀吉が本能寺の変を知ったのは、その翌日である6月3日夜から4日朝といわれます。これだけ早く情報収集できた理由も諸説あります。

秀吉の生涯を描いた『太閤記』では、明智光秀が毛利家に向けて送った密使を捕まえたことにより、秀吉が本能寺の変を知ったとしていますが、多くの疑問が持たれています。

私自身は、信長をよく知る秀吉が、信長に対する反乱はいつでも起こり得ると考え、京都の情勢が届くようにシステム化していたのではないかと考えています。一説には茶人の長谷川宗仁（1539〜1606年）の使者から情報を得たともいわれます。

いずれにせよ、早期に情報収集できた秀吉は、ほかの重臣たちよりも早く移動することができたのです。

段取り力については、3万人もの兵が武具や武器とともに大移動するとなると、軍需品や食料の補給と兵站《へいたん》（ロジスティクス）を担う後方支援が必要となります。

最近の研究では、織田信長が中国地方に向かうための中継拠点「御座所《ござしょ》」を設けていたのですが、これを秀吉は中国大返しで活用したのではないかといわれています。

御座所は食料を大量に備蓄し、大人数が宿泊できる拠点であったと考えられ、秀吉は畿内に向かう際にこれを活用した可能性があります。

とはいえ、事前の綿密な段取りがないと、3万人もの大所帯では有効に御座所を活用できないはず。実際、武具や武器などの物資について、陸路とは別に海路で運んだという説もあります。

諸説あるものの、さまざまな段取りをしたことは間違いありません。

中国大返しの成功体験を活かした「美濃大返し」

私は秀吉の中国大返しが成功した要因は、情報収集力と段取り力によるところが大きいと考えますが、その後も秀吉は再びスピード感のある大移動を実現しています。

それは、山崎の戦いの翌年に行われた、柴田勝家との賤ヶ岳《しずがたけ》の戦い（1583年）でのことです。

この戦いでは、近江（滋賀）で勝家と秀吉の両軍がにらみ合いを続けていましたが、秀吉は勝家に味方していた織田信孝（信長の三男・1558〜83年）を討つため、一時的に美濃大垣（岐阜）に移動したのです。

このとき勝家軍の一部が、にらみ合いの状況から秀吉不在の秀吉軍に襲いかかりました。にらみ合いから一方が動き出すのは、動いたほうの陣形が崩れるため危険なのですが、一時的に美濃大垣に移動した秀吉は、しばらく戻ってこないと考えたのでしょう。

これが1583年4月19日でしたが、翌20日には、秀吉が移動先の美濃大垣で、残った秀吉軍に勝家軍の一部が襲いかかったという情報をキャッチします。

襲われて討ち死にした武将を哀悼しつつも、ここで戻れば勝家軍に勝てると秀吉は確信したといわれます。

そこから美濃大垣から戦地の近江まで戻る「美濃大返し」が始まりました。

この大返しは1万5000人の軍勢が52㎞の距離をおよそ5時間で移動したといわれます（諸説あり）。道中の村々には秀吉軍から使者を送り、食料と松明《たいまつ》を用意するように命じたのです。

こうした段取りのよさで、秀吉軍は5時間で近江の戦場に戻ることができました。

想定以上の速さで戻ってきたことに勝家軍は驚き、退却を始めましたが、陣形が崩れていたこともあり、秀吉軍の攻撃の前にあっけなく敗れ去りました。

柴田勝家は居城の北庄城《きたのしょうじょう》（福井市）まで戻りますが、秀吉軍にとり囲まれ、自刃を余儀なくされました。

これで秀吉は、織田信長の後継者の地位を確かなものにしたのです。

この美濃大返しでも、早期に勝家軍の侵攻を把握した情報収集力と、近江までの移動を円滑に行った段取り力を発揮しました。中国大返しでの成功を活かしたともいえます。

歴史にご法度の「もしも」の話ですが、中国大返しと美濃大返しがなかったら、その後の歴史はかわっていたかもしれません。

もし中国大返しがなければ、明智光秀は織田家重臣不在の間隙《かんげき》を縫《ぬ》って畿内周辺を支配し、織田家の重臣たちとの戦いに備えたでしょう。その後、明智が天下統一できたかどうかは未知数ですが、混乱が長引いた可能性は高いです。

一方、もし美濃大返しがなければ、勝家軍は秀吉不在の秀吉軍を壊滅させ、秀吉が戻ってきたとしても逆転勝利はできなかったかもしれません。そうすると秀吉による天下統一は、なかったでしょう。

いずれもスピード感ある行動が、豊臣秀吉の天下統一につながっていったのです。

長時間労働が許されない時代の武器

私が社会人になった25年ほど前は、スピード感が求められる仕事については、残業しながら長時間働くことで、なんとかやり遂げていました。

過労死問題がとり沙汰され「働き方改革」が進んだいまとなっては、けっして褒められることではありませんが、終電を逃して何度も徹夜したことがあります。それが特段おかしなことでもない空気もありましたし、むしろ勤勉さを示す武勇伝的な側面さえあったかもしれません。

しかし、もはや法律に背くような長時間労働は、厳しく制限されるのが常識になっています。2018年に公布された「働き方改革関連法」では、残業時間の上限は原則として月45時間（年360時間）と定められています。

こうした残業規制が功を奏してか、生産性が上昇した面もあり、平成の初めごろには1人あたり総実労働時間は年2000時間を超えていましたが、2021年度には1777時間まで短縮しています。

厚生労働省が2024年2月6日に発表した2023年の毎月勤労統計調査（速報、従業員5人以上の事業所）によると、総実労働時間は0・1％増の月136・3時間ながら、残業時間など所定外労働時間は0・9％減と3年ぶりに減少しています。月ごとに見ると、2023年7月以降は、すべての月で所定外労働時間が減り、総実労働時間も減少した月が目立っています。

長時間労働からの脱却は、心身の健康を保つためにも、家族との時間を確保する健全なワーク・ライフ・バランスのためにも必須の条件です。この流れ自体は、とてもよいことだと思います。

一方で、スピード感が求められる仕事を長時間働くことでカバーすることが難しくなっている面もあります。スピード感をもって仕事を進めていくため、現代のリーダーこそ豊臣秀吉のような「情報収集力」と「段取り力」が必要になります。

そこで、この2つの力を現代に活かすポイントを掘り下げてみたいと思います。

ストーリーを事前に組み立てて情報を取得

情報収集力については、日ごろからさまざまな情報に興味をもち、インプットすることが大前提です。情報の「質」も大事ではありますが、情報の「量」が絶対的に少なければ、情報が偏ってしまいますし、幅が広がりません。

ちなみに私自身が個人的に日々チェックしている情報源は、日本経済新聞、ビジネス誌（日経ビジネス・日経トップリーダー・ニューズウィーク日本版）、ニュース配信サービス（スマートニュース・ヤフーニュース）、SNS（X・フェイスブック）などです。

取得した情報が即、仕事に結びつくこともあれば、たいして役立たないこともあります。むしろ、ほとんどが関係のない情報として処理されてしまいます。

そのため、ある程度情報量を追えるようになったら、次は「こういう情報を取得したら、仕事でこのように活用したい」というストーリーを組み立てておくことをおすすめします。

これによって目的に沿った情報へのアンテナが立ち、より効率的に確度の高いニュースをキャッチできるようになります。

秀吉も事前に、「もし信長への反乱や勝家の攻撃があったら……」とストーリーを組み立ててアンテナを立てておいたからこそ、素早く必要な情報をキャッチできたのです。

ビジネスの現場では、新規開拓がテーマにあがることがよくあります。

この場合でも「このような新規客を獲得して売り上げアップにつなげたい」というストーリーを組み立てておくと、そのストーリーにかなった営業戦略に動きやすくなります。

私のクライアントである地方の年商100億円規模の商社では、今後の食品加工業の成長を見据えて、「食品加工業の会社を新規客として開拓していく」という方針を決めたことで、食品加工業に集中して情報を集め、効率的に営業展開するようになりました。

このように事前にストーリーを構築することが、素早い情報取得につながるのです。

部下の強みが活かせるように仕事を割り振る

次に、段取り力についてです。

勝つためのストーリーを組み立て、情報を取得できたとしても、それを実現するためには、いろいろとやるべきことがあります。

先ほどの新規開拓の例では、担当者の抜てきや訪問先のリストアップとアポイントメント、訪問時の説明資料の準備など、会社によっては商談のシミュレーションをするロールプレイング（役割演技）研修を実施して、実践的なスキルを磨くケースもあります。
これらも段取りして進めないと、「新規開拓に注力したけど、1年たっても成果が得られない」ということにもなりかねません。

具体的な段取りとしては、「やるべきタスク（仕事）」「担当者」「スケジュール」を明確にした一覧表を作成します。担当者の割り振りは、部下の強みを考慮しながら決めます。

秀吉も、戦闘には加藤清正や福島正則などの武功派をあてる一方、事務や物流などの裏方には石田三成などの実務派をあてました。

〝人たらし〟ともいわれる秀吉は、それぞれの家臣の強みを把握し、仕事を任せ、活躍できるようにすることで、家臣たちのプライドがくすぐられるようにしていたのです。

一覧表を作成したうえで、会議や日ごろのコミュニケーションを通して具体的なタスクを指示（依頼）したり、進捗を確認したりすることになります。

基本的には会議を通じての確認でもよいですが、会議では把握できない担当者の本音やちょっとした悩みがあったりするものです。

何気ない日ごろのコミュニケーションのなかで、「仕事はうまく進んでいる？」といったやりとりが意外と問題解決に直結しやすく、部下の仕事が進みやすくなります。

労働時間が短くなっている昨今でも、豊臣秀吉のようにスピード感をもって成果を実現するためには、「効率的で確度の高い情報収集力を磨く」「迅速・確実に進めるための段取り力を磨く」ことが、これまで以上に求められてきます。

速いスピード感で成果を出すためのポイント

1 勝つためのチャンスを見つける情報収集力を磨く

2 無理なく進めるための段取り力を磨く

リーダーの
悩み

仕事が忙しくて、なかなか新しいことを学ぶ機会がありません

興味があることから始めて、少しずつでも活かしてみよ

徳川吉宗

徳川吉宗（1684～1751年）は江戸幕府の8代将軍。徳川御三家（尾張・常陸・紀伊）の一角である紀伊（和歌山）徳川家の四男だが、兄たちが亡くなったことで紀伊徳川家を承継。藩政改革を進め、名君と評価された。歴代最年少の7代将軍・徳川家継（1709～16年）が病により8歳で亡くなり、徳川本家の継承者がいなかったため、8代将軍を承継。幕府は財政難となっていたが、享保《きょうほう》の改革で、質素倹約や新田開発、税制改革などを進め、財政再建を図った。また、有能な人材であれば下級武士でも抜てきする人事制度を進め、政策の推進力を高めた。さらに身分を問わず民衆から改革の意見を募る「目安箱」を設け、庶民のための総合病院「小石川養生所」を開設するなど、先進的な施策にとり組んだ。好奇心が旺盛で、禁止されていた洋書(キリスト教関係を除く)を解禁。これが後の蘭学の流行につながり、日本の近代化に果たした役割も大きい。

自分に足りないことを積極的に学ぶため門戸を開放

江戸時代はキリスト教が広がるのを防ぐため、海外との交流は限定的でした。西洋諸国ではオランダだけ、それも長崎・出島《でじま》での交易・交流に限定されていました。

それに西洋の書籍の輸入も、原則的に認められていませんでした。

しかし、8代将軍となった徳川吉宗は、西洋の学問のなかでも、とくに医学や天文学といった科学技術に関わる分野が日本より先行していることを認め、キリスト教に関わるものを

除いて西洋の書籍の輸入を認めたのです。

そして、幕臣などに命じて、オランダ語の習得や書籍の翻訳などに着手します。

徳川吉宗自身も、西洋に学びました。

馬乗りが得意だった吉宗は、オランダから西洋の馬を輸入し、その馬術などもオランダ人から学びます。馬だけでなく、ベトナムから象を輸入するなど、吉宗の動物への興味は尽きませんでした。

また、天文学や気象学にも強い興味をもっていました。

天体観測を行っていたほか、江戸城中庭に桶《おけ》を置いて、継続的に雨量を調査したりもしました。1742年には通常より雨量が多いことに気づき、大洪水を予知し、災害予防を指示したとも伝えられています。

このように吉宗は、自分の関心度が高かった領域を中心に、西洋の学問に学んでいました。

吉宗により日本に開かれた西洋の学問は、江戸時代にオランダ語の書物によって西洋の学術を研究しようとした「蘭学」として、医学や科学に通じた人材を育てました。

これが明治以降の日本の近代化に通じたのです。

リーダー自身が学ぶことで部下も学ぶようになる

新しいことを学ぼうとするのは、パワーがいるものです。とくに仕事をしながら、新しいことを学ぶのは負担が大きいものです。

加えて、これまでなじみがなかった分野を学ぶというのは、どうしても苦手意識を持ってしまうこともあります。

何かを学ぶとき、たとえば本を読んだりセミナーに参加したりしても、頭に入ってこない経験はないでしょうか？　人は学んだことが頭でイメージできないと、なかなか自分のものにできません。

しかし、自分が興味のある分野を学ぼうとするときは、イメージが膨らみやすいです。

歴史に興味がある私は、歴史の本を読んだり、セミナーに参加したりすると、頭に歴史の情景が浮かんできます。そうやってイメージできれば、おのずと記憶に残りやすく、学ぶことが面白くなります。

まずは自分が興味のあることから学んでみることです。徳川吉宗も興味がある動物や天文学といった分野から学んでいきました。

そのうち、興味のある分野が派生していきます。歴史の学びも、政治・経済・文化の学びへと広がっていきやすいのです。

次に、小さなことからでもよいので、学んだことを活かしていくことが大事です。

学んで終わりではなく、学んだことを小さなことでもよいので活かしていく。そうすることによって、さらに学ぼうとします。

徳川吉宗も、天文学を学んだことで気象の変化を読みとり、災害に向けた対応に活かしました。

私自身は、コンサルティングの現場や歴史から学んだことをブログに書いて情報発信しています。そのブログを読んだ文具大手のコクヨが運営する「経営ノウハウの泉 中小企業経営のための情報サイト」の担当者から連絡をもらい、寄稿するようになりました。

これも学んだことを活かした成果といえますし、さらに学ぼうとするモチベーションにつながっています。

また、リーダー自身が部下より先に立って学ぼうとする姿勢を見せて、模範となることが重要です。吉宗も将軍自身が積極的に海外から学んだことが、その後の蘭学の普及につながったといえます。

リーダー自身が新しいことを学ぶときのポイント

1 自分が興味をもてる領域からとりかかってみる

2 小さなことでもよいので学びを活かしていく

リーダーの
悩み

時代の変化が激しいなかでリーダーとして学ばないといけませんが、
時間や場所がありません

どんなとき、どんな場所でも
学ぶことができますよ

吉田松陰《しょういん》

吉田松陰（１８３０〜59年）は、江戸時代末の長州藩士・志士・思想家・教育者。長州藩の下級武士の「杉家」に生まれるが、叔父で山鹿流兵学師範である吉田大助の養子となり、兵学を修める。幼いころから父や叔父からスパルタ教育を受け、11歳にして藩主に講義を行っている。その後、学問のために諸国を巡るが、無許可で東北に行ったことにより処分を受ける。また、ペリー（１７９４〜１８５８年）が来日すると、海外を学びたい気持ちからペリー艦隊に乗り込み、密航を図る。当時の密航は大罪で、死罪は免れたものの、投獄された後、実家での謹慎処分を受ける。謹慎処分中に「松下村塾」という塾を主宰し、多くの若者を育成。倒幕活動や明治維新後の近代化に貢献した人物を多く輩出。その一方、江戸幕府が京都の朝廷の許可なく海外との条約（日米修好通商条約）を締結したことに怒り、幕府の高官の襲撃などを計画。そのことも原因となり、大老である井伊直弼が主導した苛烈な弾圧・安政の大獄にて逮捕され、江戸の伝馬町で処刑される。

なぜ牢獄のなかでも学び続けられたのか

吉田松陰の実家は、食べるものにも困るほどの下級武士でしたが、本当に教育熱心な家庭だったようです。

父親は畑仕事で食べものを手に入れていたのですが、畑仕事のかたわらで松陰の読書や勉強を手伝い、わからないところを教えたのです。また、夜も仕事をしながら松陰に本を読んであげたといいます。

こうした父親の熱心な指導もあり、吉田松陰は〝学び続けるクセ〟を身につけたのではないでしょうか。

また松陰は、勉強は社会に貢献するためのものという意識を強烈に植えつけられました。

あるとき、教師だった叔父・玉木文之進《ぶんのしん》が松陰に勉強を教えていたところ、松陰が飛んできた蚊を叩きました。

すると文之進は、「武士として勉強をしているのは、国のためという公のことなのに、蚊を手でたたくという私利私欲のために動くとは何事だ！」と烈火の如く怒ったというのです。

現代の感覚では理不尽な気もしますが、こうした教えが「勉強することは社会貢献のため」という意識を松陰に植えつけたといえます。

「学び続けるクセ」と「勉強することは社会貢献のため」という意識をもった松陰は、生涯にわたって、どんな環境でも学び続けました。

松陰はアメリカへ密航しようとして失敗し、江戸から長州・萩《はぎ》の監獄「野山獄」に入れられたのですが、そんな境遇では意気消沈しても不思議ではありません。しかし松陰は、獄中でもなお学び続けることをやめませんでした。

野山獄には富永有隣《ゆうりん》（1821〜1900年）という書道の名人のほか、俳諧の名人もいましたが、彼らを師として書道や俳諧を学んだのです。そのお返しとして松陰は、中国の思想家である孔子や孟子の教えを伝えました。

このようにして野山獄は、その道にたけた者同士が教え、学び合う場となり、さながら学校のようでした。**そのような松陰の姿勢や教えに、野山獄の役人でさえ感動し、松陰の弟子となったほどです。**

松陰は萩に幽閉されている間も私塾「松下村塾」を営み、高杉晋作（1839〜67年）や伊藤博文（1841〜1909年）など、そうそうたる人材を輩出しましたが、どんな場所でも学べることを感じさせてくれます。

私は毎年、新年の仕事始めの前に、吉田松陰にゆかりがある東京・世田谷の「松陰神社」に参拝しますが、そこには松下村塾の実物大のレプリカが展示されています（山口県萩市には実物が現存します)。これを見ると、松下村塾は8畳と10畳半の2部屋しかないことがわかります。

こんな狭いところで学んだ多くの若者たちが、倒幕活動に、そして明治維新後の近代化に貢献したのかと思うと、身が引き締まる思いがします。

この松下村塾を年始に見るたび、「**学ぶにふさわしいというところはないのだな。自分自身に学ぼうという気持ちがあれば、どのようなときも、どんなところも学ぶ場所になるのだな**」と再認識して、その年をスタートしています。

初めは10分、20分でも学ぶ習慣をもつ

総務省の社会生活基本調査(2022年)によると、日本の社会人の勉強時間は1日平均たった13分。また、民間の調査機関であるパーソル総合研究所が2022年11月に発表した「グローバル就業実態・成長意識調査(2022年)」によると、社外の学習・自己啓発活動を行っている日本人の割合は、アジア・欧米18カ国・地域のなかで最下位という結果になっています。

社会人の勉強時間は、圧倒的に足りていないと言えるでしょう。それでは、どのように学ぶ時間や場所を設ければいいのか？　吉田松陰を参考に考えてみましょう。

松陰は、〝学び続けるクセ〟を得ていたからこそ、どんな時間や場所でも学ぶことができました。**そのコツは、「この時間は必ず勉強する」というタイミングを決めることです。**

通勤時の電車内で、始業時刻より1時間早く出勤して、就寝前の30分で……勉強する時間を日ごろの生活に組み入れることは可能なはずです。

5分でも10分でもいいのです。小さな成功体験を積み重ねることが、スムーズな習慣化につながり、勉強に楽しみを見いだせたら、さらなる継続力を得られるでしょう。

私自身は、朝の通勤電車内で新聞を読み、定時の始業時刻より30分ほど早く出社して仕事に関わるビジネス書を読み、さらに帰宅時の電車内や寝る前にも歴史などの本を読むようにしています。いずれもタブレット端末「iPad」で電子版を読むことが多いです。

このルーティンは、もはや習慣化されていますから、意識せずに楽しみながら続けられています。

学びを組織に活かせれば、さらに学ぼうと思うもの

そうやってインプットする機会を確保するとともに、どのように仕事でアウトプットできるかもイメージします。つまり、アウトプットを意識しながらインプットする。これがとても効果的な勉強の仕方です。

吉田松陰も「勉強することは社会貢献のため」というインプットとアウトプットを連動する意識をもっていたわけです。

リーダーとして組織を率いているなかで、「こんなことを知っていたら、もっと仕事に役立てられるのではないか」ということがあるはずです。

たとえば、部署の売り上げアップを目指してマーケティング関連の本を読んだり、経営トップがROI（投資収益率）や資本コストへの見識を高めつつ、資本を効率的に活用するためROE（自己資本利益率）やDOE（株主資本配当率）の向上を経営の根幹に据えていこうとしたりすることも考えられます。

いずれにしても、アウトプットを想定してインプットするようにすると、いろんな場面で

のすき間時間を利用しながらでも、学ぼうと思うものです。

また、学び続けるためには、同じ志をもつ仲間を見つけるとモチベーションが高まります。さらにいえば、その仲間と教え合うことも有効です。

これはアウトプットを意識しながらインプットすることにも通じますが、誰かに教えることを想定すると、インプットの精度が格段に高まるのです。

本を読んだりネットで情報を得たりと、いつも独学だと、ふと孤独に陥りがちです。また、学びが自分好みで偏りがちだったりもして、客観的な視点が欠けることもあります。

それを避けるためにも、同じ志をもつ仲間を見つけて、教え合うことがおすすめなのです。

ちなみに吉田松陰は野山獄のなかで互いに教え合いながら、猛烈に勉強を続け、獄中にいた1年2か月で読んだ本は492冊だったと記録しています。アウトプットを意識しながらインプットして互いに教え合ったことが、学習意欲を高めた側面もあるのでしょう。

同じことを学んでいても、お互いに着眼点や活かし方が違うことに気づかされることもあれば、学びの進捗や深さに刺激を受けることもあります。

週1回でも、月1回でも、会社帰りや休日にカフェで待ち合わせして、お互いに教え合ってもいいですし、あえて時間に限りのある出勤前の朝に濃密なアウトプットを心がけてもいいでしょう。

もちろん、居酒屋で一杯やりながら、ざっくばらんに意見交換するのもおすすめです。

独学もいいですが、仲間を見つけることで、勉強に張り合いが出るのです。

日々仕事で忙しいと思いますが、学び続ける習慣と仲間を見つけ、学んだことを活かして組織を引っ張っていきましょう。

どんな場所でも勉強を続けるためのポイント

1 **「学び続けるクセ」をつける習慣をもつ**
2 **仕事を通して社会に貢献するイメージをもちながら勉強する**
3 **同じように勉強している仲間を見つけて教え合う**

現場から逃げたのはよかったが、家臣を置き去りにしたことはダメだった

徳川慶喜《よしのぶ》の反省

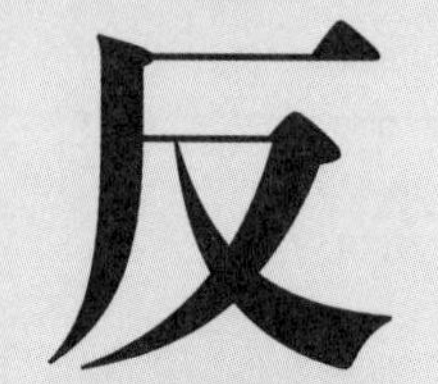

徳川慶喜（１８３７～１９１３年）は、江戸幕府第15代にして最後の将軍。水戸藩の出身で、父親は水戸第9代藩主の徳川斉昭《なりあき》（１８００～60年）。徳川御三卿の1つである一橋家を相続した後、一部の幕臣や大名から第13代将軍・徳川家定（１８２４～58年）の後継と期待されたが、大老・井伊直弼によって阻まれる。安政の大獄では謹慎を命じられた。桜田門外の変（１８６０年）で直弼が江戸城（いまの皇居）の入り口で、水戸浪士や薩摩浪士に殺害された後、薩摩藩や朝廷の働きかけ

により、将軍後継職として幕政に復帰。幕末の混乱のなか、長州藩を始めとする反幕府勢力への対応や外交を担っていく。第14代将軍・徳川家茂《いえもち》（1846〜66年）が20歳の若さで亡くなり、第15代将軍となるが、徳川幕府は滅亡。その後、長年にわたり世間との接触を避けていたが、明治31年（1898年）に明治天皇に拝謁《はいえつ》した後、名誉回復が進み、華族として公爵にまでなった。

前線に立つか・立たないか、リーダーシップの決定的な差

徳川慶喜

徳川慶喜が出た水戸藩は、２代目藩主の徳川光圀《みつくに》（水戸黄門）以来、歴史書『大日本史』の編さんをライフワークとするなかで、天皇家を尊敬するようになります。

そのため慶喜は、父である徳川斉昭から水戸徳川家に代々伝えられた家訓として、「朝廷と幕府にもし争いが起きたら、幕府に背いてでも、朝廷に弓を引いてはならない」と教えられてきました。

時代は下り、第14代将軍・徳川家茂が亡くなり、慶喜が第15代将軍に就任しましたが、すでに幕府は長州藩との戦いに敗れ、その権威は地に堕ちていました。

この状況を打開しようと、慶喜は幕府の改革に着手。フランスの支援を得ながら神奈川・横須賀に造船所を設立したり、軍制改革を進めたりします。

慶喜は幕府の使節として、弟の徳川昭武（１８５３～１９１０年）や家臣の渋沢栄一（１８４０～１９３１年）をフランスのパリ万博に派遣し、西洋の先端技術や民間が力を発揮する社会に触れつつ、諸外国との交流を深めようとしました。

しかし、幕府の打倒を目指す薩摩藩の動きは止まりませんでした。

そのため、慶喜は幕府から朝廷への政権移行を平和裏に進めるため、朝廷への政権返上「大政奉還」（１８６７年）に踏み切ります。

慶喜としては、朝廷に政権を返上したうえで、その新しい政権への参加を目指していたのでしょう。

しかし、新しい政権からも慶喜を排除したい薩摩藩は、明治天皇の名で王政復古の大号令（１８６７年）を発したことによるクーデターを実行して、朝廷を押さえ、慶喜を排除し、領地の返還や官位の返上を求めます。

このとき、慶喜は京都にいましたが、朝廷・薩摩藩と幕府が衝突することを避けるため、幕府軍を連れて大坂に移動します。

しかし、王政復古の大号令など薩摩藩の動きを許せないという幕府内の声は大きく、幕府軍は大坂から京都に向けて進軍し、とうとう薩摩藩などの軍（新政府軍）と鳥羽・伏見の戦い（1868年）で衝突します。

新政府軍約5000人に対して、幕府軍は約1万5000人と、幕府軍のほうが圧倒的優勢だったものの、新政府軍は最新式の兵器を備えて士気も高く、またリーダーの西郷隆盛自身が前線に立つなど、リーダーシップでも優位に立ちました。

一方、幕府軍のリーダーである慶喜は、前線に立つようなことはしていません。加えて、新政府軍の切り崩し工作もあり、淀藩や津藩といった親幕府と思われていた藩も幕府を裏切ります。

極めつきは、新政府軍が官軍（天皇の軍隊）であることを示す錦旗《きんき》を掲げたことでした。

これにより、幕府軍は賊軍《ぞくぐん》（天皇の反逆軍）という位置づけになったのです。

これは、天皇を尊敬するように育てられた慶喜には耐えられないものでした。

部下を見殺しにして敵前逃亡する

幕府軍が厳しい状況に追い込まれたことで、慶喜は戦いに勝てないと判断したのでしょう。

なんと、多くの家臣が戦っているのを放置したまま、少数の側近や老中、会津・桑名藩主を連れて、ひそかに大坂城を脱出。八軒家浜《はちけんやはま》船着場から小舟で天保山沖（大阪湾）に停泊中の徳川幕府の軍艦「開陽丸」に乗って、江戸に逃げ帰ってしまったのです。

当然のことながら、リーダーを失った幕府軍は総崩れとなり、大坂城を焼き払ったうえで、江戸に向かって退却していきました。

江戸に戻った慶喜は、ともに戻った側近を罷免《ひめん》したり、幕府側の主力として尽力した会津・桑名藩主を江戸から立ち退くように求めたりしました。

その後、会津藩主・松平容保《かたもり》（1835～93年）は、失意のうちに会津に戻りましたが、会津を攻めてきた新政府軍と江戸幕府の身代わりのように壮絶な戦いを繰り広げ、多くの悲劇を味わうこととなります。

慶喜は徹底的に新政府に従う姿勢を示した結果、江戸城は戦うことなく無血開城され、江戸幕府は265年の歴史を終えることとなったのです。

このように説明すると、慶喜はなんとリーダーシップに欠ける人物なのかと思われるかもしれませんが、その決断すべてが否定されるものではないと私は考えています。

欧米諸国の海外進出による植民地化が広がっていた時代です。新政府軍との内戦が長引いていたら、当時隆盛を極めていたイギリスやフランスなどが日本を攻め入り、植民地化していた可能性はゼロではありません。

幕府軍は、まだまだ新政府軍と戦えましたが、内戦を長引かせて泥沼化するよりも、天皇を中心とした新体制に移行することを優先した慶喜の決断は、結果的には優れた判断だと思うのです。

そのため、じつはこの話を「徳川慶喜の反省」とすることに私は当初迷いました。

しかし、少なくとも多くの家臣を残して敵前逃亡したことは、リーダーとして許されることではありません。

前線にも立たず責任も負わないリーダーは失格

もちろん歴史上、名将といえども、敵前逃亡することはありました。しかし、その際は家臣たちも逃げられるような手配をしています。

たとえば織田信長も、越前（福井）の朝倉氏を攻めた際、同盟していた近江（滋賀）の戦国大名・浅井長政（1545〜73年）が裏切ったため、朝倉氏と浅井氏の挟み撃ちにあうことを恐れて敵前逃亡しています。このときは羽柴（豊臣）秀吉に、殿《しんがり》（最後まで残って敵の追撃を防ぐこと）を命令しているのです。

これと比較すると、家臣たちのことを考えずに敵前逃亡した慶喜は、リーダー失格といわざるを得ません。

現代のビジネスの現場にも、同じようなケースが見受けられます。しばしば見かけるのは、経営者や部門長が部下に新規プロジェクトを任せたときのことです。

リーダーは現場任せにしながらも、プロジェクトが失敗すると、任せた部下に責任を押しつけ、自分には責任がなかったかのように振る舞うケースがあります。
たしかに任された部下にも責任はあるものの、西郷隆盛自身が前線に立ってリーダーシップを発揮したように、プロジェクトというものは、リーダーが前線に立って指揮しないとうまくいかないのです。

それを「お前に全部任せた」と高みの見物をきめこんだうえに、それが失敗すると、自分では責任を一切負わず、部下に責任を負わせるのは、リーダーとして失格といわざるをえません。リーダーには、少なくとも任命責任があるのです。

リーダーが前線に立たず、責任も負わず、部下に責任を負わせるだけなら、無責任な徳川慶喜の敵前逃亡と同じことです。

厳しい局面に対してリーダーがしっかり踏み込み、また失敗に対する責任を負い、部下を守ることこそ、リーダーとして求められる資質です。そんなリーダーなら、失敗しても部下がついてきますし、また復活の機会が訪れた日には部下たちが力を貸してくれるはずです。

遊びにうつつをぬかし過ぎたわいなあ……

北条高時の反省

北条高時（１３０３〜33年）は鎌倉幕府の北条得宗家《とくそうけ》（本家）当主、執権（事実上のトップ）。同じく執権を務めた北条貞時《さだとき》（１２７１〜１３１１年）の息子として生まれ、北条家の跡とりとして育てられたものの、９歳で父・貞時は亡くなる。その後、３代にわたって親族が中継ぎの執権を務めた後、高時は14歳で執権に就任。10年ほど執権を務めたが、病気のため辞した。その後、鎌倉幕府打倒を掲げた後醍醐天皇（１２８８〜１３３９年）を一度は鎮圧するも、天皇の再起により各地の武士が立ち上がったことで、鎌倉は攻められ、幕府は滅亡する。

北条高時

遊びに夢中になるリーダーは滅亡の途を歩む

鎌倉幕府が滅亡したのは1333年ですが、このときに幕府を支配していた北条家の得宗家（本家）の当主が北条高時でした。

高時は鎌倉幕府の滅亡時、鎌倉の東勝寺という寺で、北条一族や家臣とともに自刃します。31歳の若さでした。

『太平記』『増鏡』といった当時の記録には、高時は「勤勉でないリーダー」と記されています。病弱で無気力なことが多かったうえに、田楽（現代でいうダンス）や闘犬（猛犬同士を戦わせるもの）に夢中になるがあまり、政治に向き合うことがなかったのです。

その結果、北条家の重臣である長崎円喜《えんき》・高資《たかすけ》という親子が権力を握り、好き放題に政治を進めます。

東北地方で争いが生じたときには、高資が争っている両者から賄賂を受けとり、混乱をさらに深めるようなこともあったのです。

高時は14歳で執権となりましたが、病気のため24歳で執権の座を降りました。その後も、北条得宗家の当主として鎌倉幕府の最高権力者であり続けましたが、田楽や闘犬に夢中になり、政治に熱心とはいえなかったのです。

その間、鎌倉幕府の内部対立が続き、執権が短期間で交代する一方、京都の朝廷では後醍醐天皇が反幕府を掲げて挙兵します。

後醍醐天皇の反乱は一時的に鎮圧されて、天皇は隠岐島《おきのしま》（島根）に流されますが、1年程度で脱出し、再び挙兵します。

この挙兵に応じて各地の武士が反幕府に立ち上がりますが、とくに源氏の流れをくむ足利尊氏《たかうじ》（1305～58年）や新田義貞《よしさだ》（1301～38年）が立ち上がったことが決め手となり、鎌倉幕府は滅亡し、北条高時の自刃に至るのです。

それにしても、なぜ高時は勤勉でなく、田楽や闘犬に夢中になり、政治に向き合わなかったのでしょうか？

執権を引き継いだのが14歳と若年だったこともありますが、父・貞時が当初は熱心に政務に勤しんでいたものの、繰り返される政治闘争に嫌気が差し、高時が幼いころには酒浸りとなっていたことが大きく影響していると考えられます。

リーダーとして政治に向き合わず、遊びに夢中になる父親譲りの高時の姿勢が、政治の混乱を招き、鎌倉幕府の滅亡につながったともいえるのです。

〝親族の情〟より〝リーダーとしての資質〟を見極める

同族会社の経営者や、当選に必要とされる3バン（地盤・看板・カバン）が整った政治家の後継者として、「親族」があてがわれることは少なくありません。

しかし、リーダーの資質がともなわないケースも、少なからず見受けられます。

あるクライアントの経営者は息子を経営幹部に抜てきしたものの、その息子は誰よりも遅く出勤し、誰よりも早く退社するという働きぶりで、社員たちのひんしゅくを買い、まったくリーダーシップを発揮できずにいました。

経営者候補として育てようと大きな仕事を与えても、責任感がともなわず、最後はいつも逃げてしまうありさま……さすがの経営者も、息子への事業承継を断念せざるを得ませんでした。

もし、息子の頼りなさに目をつむったまま、事業承継していたら、北条高時と同じように現場が混乱し、これまで築き上げてきた会社組織が瓦解《がかい》していたかもしれません。

長い歴史を振り返ってみても、名リーダーと評される人は、ほぼ例外なく勤勉な資質を備えており、自分の目の前の仕事に真面目に向き合っています。

言うまでもありませんが、後継者の選定にあたっては、〝親族としての情〟より、リーダーとしての資質を備えているかどうかをよく判断する必要があります。

徳川家康はライバルの武田信玄や武田家から兵法などを学び、武田家滅亡後はその家臣たちを徳川家にとり込むなど、素直で謙虚に学ぶ人でした。読書家でもあり、中国古典や日本の歴史書からも学びました。江戸幕府創設後は、書籍の普及のために出版事業も立ち上げています。

また、第3章で紹介した江戸時代米沢藩の名君・上杉鷹山は、細井平洲という先生からリーダーとしてのあり方や、どのように政治を進めるべきかについて若いころから学んだことが、米沢藩の藩政改革に活きて復興することができたのです。

徳川家康・吉宗、上杉鷹山、吉田松陰など、歴史に名を残す人物は、学ぶことを好み、学び続け、学びを現場に活かしました。そのような歴史上の人物に学ぶうち、私自身も同じように学び続けるということが「理想の姿」として醸成されたように感じます。

私は大学時代に司法試験を突破して、弁護士になることを目指していたのですが、大学4年生のときに留年してしまったことをきっかけに、試験勉強を断念しました。

当時は〝就職氷河期〟だったこともあり、就職活動に苦戦。最終的に生命保険会社に決まったものの、じつのところ自分としては不本意な就職先でした。

しかし、歴史の学びから、どんな状況でも学び続けていれば、きっと新たな機会に恵まれることを信じて疑いませんでした。勝海舟は幕末、貧しいなかでも蘭学を学び続けたことで、その後の出世につながりました。当時はそのことが私の脳裏に焼きついていたのです。

不本意な就職先ではあったものの、仕事に関することはもちろん、自分のスキルアップに役立つと思うことは、積極果敢に学びました。たとえば、データベースを活用して営業支援をする「データベース・マーケティング」の関連書を読み、知識をインプットしながら、少しずつ仕事にも活かしていました。

そうした姿を目にしてくれていた当時の役員が、私をデータベース・マーケティングの部署に推薦してくれたのです。

すると、異動先の部署で外部のコンサルティング会社と協働する機会があり、そこから現在へと続くコンサルティングの世界が拓けたのです。あのとき、現状に甘んじて仕事をするだけだったら、部署を異動することもなく、コンサルティングの世界へ足を踏み入れることもなかったでしょう。

司法試験の失敗と大学の留年では挫折を味わいましたが、学び続けたことで、新たな機会を得ることができたわけです。

その後もコンサルタントとしてスキルアップするべく、管理会計や事業再生、M＆A（合併・買収）といった領域を学んだことで、コンサルティングの実践に結びつけることができました。

当然ですが、学んでも学んでも、まだまだ学ぶべきことがたくさんあり、そのことに気づくたびに「自分にはまだまだ学びが足りないな」と反省し続けています。

ニュートンが書いた手紙の一節で有名になった「巨人の肩の上に乗る」という言葉があるように、新しい発見ができるのは、先人が積み重ねた発見があるからといわれます。

限りある人生で学べることには限界があるかもしれませんが、「巨人の肩の上に乗り、さらに先を見る」ように、今後も自分のポテンシャルを引き出すため、歴史上の人物にならって学び続けたいと思っています。

第5章

目標

は言葉に表して、
実現に向けて動くのみ

リーダーの悩み

保守的な現状維持の意識が働き、挑戦的な目標を考えられません

広い視野をもって挑戦的な目標を設定し、言葉に表すことだ

織田信長

多くの戦国大名は天下統一など考えていなかった？

戦国時代といえば、多くの武将が天下統一を目指していたと考えられがちですが、**多くの戦国大名は天下統一など考えていませんでした。**自分の領土を守り、周辺に領土を拡大するくらいのことは考えていたかもしれませんが、それさえも制約があったのです。

たとえば、東北地方の南部は親戚関係の大名が多く、領土を拡大するために戦おうとしても、親戚間の調停が入ることがありました。

仙台藩の藩祖・伊達政宗（１５６７〜１６３６年）と山形の名将・最上義光《よしあき》（１５４６〜１６１４年）は、甥《おい》と伯父の関係ですが、２人が対立したときは、義光の妹で政宗の母である義姫《よしひめ》（１５４８〜１６２３年）が仲介に入りました。

つまり、戦国大名の多くは、基本的に現状維持の志向が強く、どんどん領土を広げて天下統一を果たそうという野心的な目標を立てることはありませんでした。そうしたなかで、織田信長は天下統一を目指したのです。

信長が活躍していたころ、世界は「大航海時代」の真っただ中でした。スペインやポルトガルといった国々が、日本に訪れるようになっていたのです。

そうした国々との交易により、鉄砲や弾薬が入手できるようになり、敵に壊滅的なダメージを与えられるようになりました。

その一方で、莫大な軍事費や海外と貿易ルートを確保する必要もありました。

膨大な軍事費を得るためには領土を広げる。さらには全国統一によって富を独占するとともに、海外との交易を活発にして富を増やしていく「貿易立国」を信長は目指していたともいえます。さらに信長は日本を統一した後、海外進出を視野に入れていたともされます。

そうした時代の変化をとらえつつ、信長は鉄砲や弾薬といった最新兵器を導入し、軍事力を増強して敵対勢力を打ち負かし、領土を拡大していきます。

最近の研究では、信長軍が使用した弾薬が海外から多量に輸入されていたことが、武田軍を始めとする強敵を打ち負かした要因としてあげられています。

そうやって富を得た信長は、さらなる軍事力の強化と領土の拡張を繰り返していきます。

結果的には、本能寺の変で謀反を起こした明智光秀に寝込みを襲われ、包囲されたことを知ると、寺に火を放って自害したため、天下統一は果たせませんでしたが、あともう一歩のところまでは行きました。

無意識に現状維持を志向して目標設定していないか

長いこと同じ仕事をしていると、現在のやり方を前提とした目標設定をしがちです。現在とり扱っている商品・サービスや展開している営業エリア内で、今後も同じようなことを継続することを無意識に前提として目標を設定してしまうのです。

しかし、世の中はどんどん変化しており、現状維持さえ難しい状況です。

信長の時代、武田家や朝倉家といった名家でさえ、信長の天下統一事業の前に存続さえ難しく、滅亡してしまいました。何より240年弱続いた室町幕府でさえ、信長による15代将軍・足利義昭の追放により滅亡しています。

同じように、過去の成功体験にもとづいて事業を継続していると、事業の存続どころか、事業そのものがなくなってしまう可能性さえあると考えたほうがいいでしょう。

一定の成長がないと、自分も部下も待遇を向上させることはできません。

長い間デフレに悩まされていた日本ですが、2023年にはおよそ41年ぶりの実質的なインフレに転換しました。

これまでは待遇が改善されなくても、人材の流出を防げたかもしれませんが、インフレが進むいまは、待遇が改善されないと、優秀な部下はより待遇のよい他社へ転籍してしまうかもしれません。

このような課題が目の前に立ちはだかっているにもかかわらず、現状の延長線上でしか目標を設定できず、挑戦的なとり組みができないリーダーは数多くいます。

それでは、どのようにすればリーダーは挑戦的なとり組みができるのでしょうか。

まず、リーダーとして現状の目標設定でよいのか、自分に問いかけてみることです。

部下は現状の目標設定のもとで頑張るしかないので、この問いかけはリーダーとして大事な仕事です。

「昨年までこの目標設定でやってきたので、今年もこれでいいだろう」とか「まわりの部署も自分たちの目標設定と似たりよったりなのでいいや」と安易に決めていないでしょうか。

人が行動を変化させるには大きなエネルギーを必要とするため、どうしてもこれまでと同じ目標設定を無意識にしてしまいがちです。

戦国時代の東北地方のように、変化しようとしても周囲の抵抗にあうこともあるため、結果的に現状維持を志向する面もあります。

しかし、現状の目標設定のままでは、より大きな外部の脅威にさらされることがあります。大航海時代の西洋諸国は、アジアや南米の植民地化を進めたため、もし織田信長が天下統一を目指さず、日本が分裂したままの状態だったら、植民地化されていた恐れがあります。信長がそこまで意識していたかは、記録がないので未知数ですが、結果として信長や秀吉の天下統一事業のおかげで、植民地化を防ぐことができたともいえます。

現代でも日本は、島国であることもあってか、内向きな目標を追いかけているうちに、外部から襲来する脅威に対抗できないことがあります。

少し古い話になりますが、2000年代の日本は従来型携帯電話（ガラケー）が全盛でした。「おサイフケータイ」「ワンセグ」「赤外線通信機能」の搭載など国内でしか使えない機能は進化したものの、2008年に2代目の「iPhone 3G」が発売され、翌2009年にはAndroidスマホが登場すると、ガラケーの市場は急速に縮小していき、国内携帯メーカーはほぼ消滅しました。

国内メーカーのガラケーは、海外から黒船のごとく襲来したスマホという脅威に対抗できなかったわけです。

このような脅威をリーダーとして感じるならば、新しく挑戦的な目標設定が必要だということが理解できるでしょう。

大局的な視点から目標を設定して〝見える化〟する

では、リーダーは、どのように新しく挑戦的な目標を設定するべきなのでしょうか。

1つの視点として、世の中の状況の変化など、大局的な視点から目標設定をすることがポイントになります。

信長自身も、海外の情勢の変化から、武力を増強して「天下布武」という目標を設定していきました。

現代であれば前述の自動車業界のＥＶ化やＤＸ（デジタルトランスフォーメーション）化なども世の中の状況の変化といえます。

このような大局的な視点からの目標設定は、世の中のニーズをとらえたものとなり、組織を成長させていける目標となってきます。

私がコンサルティングした地方の中堅商社では、営業エリアの経済的衰退や取扱商品の需要減少に苦しんでいました。

この商社はＤＸ化の波が大都市から地方にも押し寄せていることに着目し、デジタル部門の拡充により「地域でＤＸに最も強い商社」となることを目標としています。

これなども大局的な視点に立った目標設定といえるでしょう。

目標設定は文章にして、明確に〝見える化〟することによって、組織内で共有しなければいけません。

リーダーだけがわかっていても、組織内で共有することはできません。信長も目標を「天下布武」と明確に文字化して、天下統一を目指していることを打ち出していました。

私がコンサルティングするときは、毎年作成する経営計画書で挑戦的な目標を明確に打ち出すことをおすすめしています。

たとえば、スーパーマーケットをチェーン展開する年商１００億円規模の会社では、現在は個人客が大半なのですが、今後は飲食店など法人向けを増やすと掲げました。

そこで経営計画書のなかで、「プロにも愛されるスーパーとなる」とわかりやすい目標を掲げ、全社で共有しています。

信長が「天下布武」により天下統一を目指すことを明示したように、目標を明確にして部下に伝えていくこともリーダーの大事な役割です。

挑戦的な目標設定のポイント

1 **現在の目標設定でよいのか自分自身に問いかけてみる**
2 **世の中の変化など、大局的な視点から目標設定をする**
3 **目標を明確に〝見える化〟して組織内で共有する**

リーダーの
悩み

新しくリーダーとなったからには、
新しい目標を立てないといけないのでしょうか

先輩がつくった理想を受け継ぐのも立派な大将だがや

豊臣秀吉

うまくいっている人の真似をして自分もうまくやる

本能寺の変で織田信長が死去した後、明智光秀や柴田勝家といったライバルを倒した豊臣秀吉が信長を継承し、天下統一を進めます。

秀吉は大名を臣下として従わせた後、強制的に領地を移転させました。徳川家康は東海地方から関東地方へ移転する命令に従いましたが、信長の息子である織田信雄（1558～1630年）は移転の命令に従わなかったため、領地を没収されています。

大名の強制移転を可能にしたことで、秀吉は大名の生殺与奪権を握ることになります。大名を思うがままにできる力を見せつけることで、大名が秀吉の意向に逆らえなくしたのです。

さらには日本全土で行った「太閤検地」によって、農地の生産能力を確認する調査を徹底しました。これにより各地の生産能力が石高として可視化され、年貢をとりやすくなったのです。

太閤検地では、検地する役人に中央から食料を支給して、接待を禁じました。各地方の生産性を高めるとともに、地方分権から中央集権への移行を図ったのです。

また、武士以外の農民から武器をとり上げる「刀狩り」を行い、治安の維持につなげました。それまでは武士と農民の区別が明確ではなかったのですが、武士は軍事に、農民は農業に専念することになります。

ほかにも、大名が居住する本城以外の支城の破却を命じる「城割《しろわり》」によって、軍事体制面でも中央集権化を進めました。


こうした秀吉のとり組みは、じつはすべて信長が始めたことか、始めようとしていたことなのです。


実際、太閤検地や刀狩り、城割は、信長が支配地で始めていたことです。大名の強制移転も信長が考えていたものであり、本能寺の変で倒れていなければ、信長による大名の移転が活発に行われたことでしょう。

いずれのとり組みも、秀吉の独創ではなかったのです。

しかし、信長が始めたことを全国に広めて、徹底したことは、秀吉の大きな功績です。

秀吉が実現できたのは、人材活用のうまさが大きかったです。前述したように秀吉は、加藤清正や福島正則といった戦《いくさ》上手の武断派は全国統一戦で活かすとともに、石田三成といった行政能力が高い実務派を活かすことで、太閤検地や刀狩りといった全国横断的な施策を展開。**武力による天下統一と、統一後の社会基盤の整備を同時に進めたのです。**

残念なのは、天下統一の先に「こういう社会を実現したい」というビジョンが秀吉に欠けていたことです。

もし秀吉に「戦乱の世をしずめ、平穏な世の中を実現したい」という目標があったならば、明（中国）征服を目指して朝鮮に侵攻した朝鮮出兵「文禄・慶長の役」はなかったかもしれません。

また、185ページで述べたように、自分の子への承継にこだわることなく、一度は関白を譲った甥・秀次への粛清もなかったかもしれません。

このような目指すべきビジョンがないゆえの振る舞いが、秀吉死後の豊臣政権の崩壊につながったように感じます。

前任者を全否定して自分流を打ち出すことの愚

経営者や管理職、チームリーダーなどを引き継ぐと、気持ちが引き締まるものです。リーダーの立場を引き継いだからには、これまでより組織をよいものにしたいと意気込む人が多いと思います。そうしたモチベーションの高まりは、リーダーを務めるうえで、とても大切なことです。

そうした気持ちが強いあまり、これまでのリーダーのやり方を否定し、自分ならではの新たなやり方を導入して、組織を自分流のカラーに染めたがるケースも少なくありません。

もし以前のリーダーのやり方に問題があったり、時代の流れに反したりするのであれば、新たなやり方を導入するのもよいでしょう。しかし、気をつけなければならないのは、「リーダーを引き継ぎ、自分がリーダーになったのだから、自分流のやり方を必ず打ち立てないといけない」という思いにとらわれることです。

部下としても、上司が代わったからといって、これまでのやり方がいきなり変わってしま

う と、戸惑いますし、業務に支障をきたしかねません。

やる気があるからといって、あまり前のめりになるのも、混乱が生じるので、まずは前任のリーダーのやり方を踏襲しつつ、変えなくてもよいところは引き継ぐ。**そのうえで自分流のやり方のほうがより効果を発揮できそうなのであれば、あまり焦ることなく、徐々に導入するくらいがちょうどいいでしょう。**

少なくとも、リーダーを引き継いだからといって、自分流のやり方をしなくてはいけないという義務はないのです。

歴史的に見ても、先代までのやり方が有効だということはあります。

秀吉が承継した信長のやり方も、地方分権から中央集権化する天下統一の流れにかなったものでした。だからこそ、秀吉は信長のやり方をまねて実践したのです。

前任者のやり方に理があるのにむげに否定して、前任者より経験の浅い自分のやり方を推してしまうのは不必要な混乱を招いたり、部下の反感を買ったりすることさえあります。

私がコンサルティングをした年商300億円規模の住宅設備メーカーでは、高価格帯の製品を展開し、業績も好調でした。しかし、外部から就任した新社長に交代すると、売り上げ拡大を目指し、一転して低価格帯の製品に移行。すると、価格競争に巻き込まれ、大手の競合に太刀打ちできず、売り上げも利益も、ともに減少してしまったのです。

これも新社長が一気呵成に自分流を打ち出そうとしたことによって生じた混乱でした。

自分が実現したいビジョンを言語化して判断基準にする

秀吉は信長のやり方を引き継ぎましたが、そのやり方を進められる部下を活用し、全国横断的に徹底して実施しました。

私がコンサルティングをしたスーパーマーケットを展開する年商１００億円規模の会社では、創業社長が顧客視点の店づくりや接客にこだわった店舗運営をしていました。

その経営を引き継いだ後継社長は、先代からの運営方針を引き継ぎつつ、心理学を参考とした店づくりや接客の方法も導入し、マニュアルづくりや店員向けの研修を行って、プラスアルファの自分流を追求しています。

このように前任者のとり組みのよいところを残したまま、自分流のプラスアルファで改良するスタンスは、とても有効です。

そのときに大切なのは、やはりリーダーのビジョンです。前任者のやり方を引き継いだその先に、自分はどのような状態を実現したいのかを明確にすることが大事なのです。

秀吉の場合、信長から継承したやり方を実現すること自体が目標となってしまい、その結果、朝鮮出兵のような無謀な侵略につながっていきました。

なにより自分が実現したい理想像を言語化することが大事なのです。そうすることにより、自分のとり組みが、正しい方向に向かっているかをつねに意識することができます。

前述のスーパーマーケットを運営する会社は、「**お客様の手が届くぜいたくな食生活を実現する**」をビジョンとして掲げました。

このビジョンの実現に向けた店づくりや接客を経営計画でも示しているのです。

前任者のやり方を承継するときのポイント

1 **前任者のやり方が有効であるかを検証する**

2 **前任者のやり方をさらに発展させるために必要なことを検討する**

3 **後継者として、実現したい姿を明確にする**

リーダーの
悩み

目指す目標に部下たちが共感して動いてくれません

自分の幸せだけでなく、みなの幸せも願う目標にしてみよ

徳川家康

天下は一人の天下にあらず、天下は天下の天下なり

播磨国（兵庫南西部）出身の武将で、豊臣秀吉を天下人へと導いた名軍師として知られる黒田官兵衛（１５４６〜１６０４年）を描いた２０１４年のＮＨＫ大河ドラマ「軍師官兵衛」に、こんなシーンがありました。

関ヶ原の戦いで勝利した後の徳川家康と黒田官兵衛の会話で、家康は**「天下は一人の天下にあらず、天下は天下の天下なり」**と語りました。

これは**「天下というものは、一人のための天下ではない。天下とはすべての人のものであり、政務を司る者は、そのすべての人のために天から託されているのだ」**と解釈できます。

さらにその後には、**「自分が死んでも争いが発生しない泰平の世をつくりたい」**という趣旨の言葉が続きました。

このシーンはフィクションですが、家康が「天下は一人の天下にあらず、天下は天下の天下なり」という言葉は好んで使っていたのは事実です。

関ヶ原の戦いは、豊臣秀吉を継いだ8歳の豊臣秀頼（秀吉の三男）を盛り立てようとする石田三成と、豊臣家に代わって天下人となろうとする家康との戦いでした。

全国の大名は三成側と家康側に分かれ、各地で戦いが繰り広げられましたが、関ヶ原（岐阜）で決戦が行われ、多くの大名を味方にした家康が勝利。これにより家康は、天下人となったわけです。

それにしても、なぜ家康は、関ヶ原の戦いで勝利できたのでしょうか。

私は、多くの大名が、家康が目指していた社会により、平和な時代が到来すること、また経済的幸せも実現できると感じたことが大きいと考えます。

家康は旗印として、「**厭《おん》離《り》穢《え》土《ど》欣《ごん》求《ぐ》浄《じょう》土《ど》**」という言葉を掲げていました。

これは仏教の言葉ですが、「**穢《けが》れた現代を逃れ、極楽浄土に生まれ変わることを心から願う**」という意味であり、戦乱（穢れた現代）から平和な時代（極楽浄土）への希望を感じさせるものだったのです。

100年以上の戦国時代を経て、平和な時代が求められていました。戦国時代は、戦になれば自分の一族や家臣が死傷し、領民の田畑も荒らされました。

負けたほうの領民が、奴隷として人身売買された記録も残っています。

秀吉の天下統一（1590年）により国内では戦がなくなったものの、8歳の秀頼や人望が乏しい石田三成が国を支配すれば、また戦乱の時代に逆戻りする可能性があります。

それに対して実力も実績もあり、なおかつ「天下は一人の天下にあらず、天下は天下の天下なり」「厭離穢土欣求浄土」といった言葉を掲げる家康が国を治めれば、平和な世の中がやってくるのではないかと、多くの大名が期待したのでしょう。

また、家康に味方すれば、経済的にも恵まれそうだという期待も多くの大名にありました。

大名の収入規模を表す石高でみると、家康の255万石に対して、三成は19万石に過ぎません。大名は戦の働きぶりに応じて石高が増えるので、家康に味方したほうが、石高の分け前が増える期待がありました。

これも多くの大名が、家康に味方した要因です。実際、家康に味方した大名の多くは、石高を増やすことができました。

経済的にも幸せを実現した大名は、関ヶ原の戦いの14年後、江戸幕府と豊臣家との間で行われた合戦「大坂の陣」（１６１４〜15年）で、豊臣家に味方する大名はおらず、豊臣家は滅びました。

そして、その後２６５年もの長きにわたる江戸幕府で、平和な時代が続いたのです。

合理的な目標を掲げても部下が動いてくれないワケ

リーダーが挑戦的な目標を打ち立てたとしても、部下がその目標に共感することなく、積極的に動いてくれないことは多々あります。私がコンサルティングした会社にも、目標に対して部下が自主的に動いてくれないことに悩んでいるリーダーは大勢いました。

そうした状況に陥る理由は、いくつかあります。

部下は目の前の顧客への対応や日々たまる事務的な仕事の対応に追われ、リーダーが決めた新しい目標など、後回しになりがちなのです。

既存のやり方に慣れた部下であれば、新しい試みには抵抗感を抱くもの。こうした心理も後回しの理由となりがちです。

総じて言えるのは、リーダーは自分が決めた目標ややり方が当然大事だと思っているにも

かかわらず、現場の認識はそこまで高まらないという温度差が如実に感じられるケースが多いということです。

そもそも、目標を掲げたとしても、部下たちがそれを実現することによるメリットを感じられないと、なかなかやる気になれない面もあります。

部下たちが努力して目標を実現したとしても、人事評価や待遇がさほど変わらないのであれば、「どうせ目標が実現しても、現状は変わらない」と、よほど忠誠心の強い部下でない限り、心のなかでそっぽを向いてしまうでしょう。

私がコンサルティングをする年商50億円規模の機械系のメーカーでは従来、製造・販売に特化していましたが、収益力を高めるため、販売後の機器の設置や修理などメンテナンス事業の強化を目標に掲げていました。

利益率の高い事業であり、目標自体は合理的です。実現すれば収益向上は確実で、この会社の新たな屋台骨になってくれる可能性は高いです。

しかし、社員に対する明確なメリットを示していなかったこともあり、現場は現在の業務を優先して自主的に動いてくれず、経営層は悩んでいました。

目標を実現することによる部下のメリットを明文化する

では、このような状況に、どう対処すればよいのでしょうか？

きれいごとのように感じるかもしれませんが、目標の実現により部下たちの〝働く幸せ〟が実現することを示すことも大事です。

徳川家康も目標の実現により「厭離穢土欣求浄土」、つまり戦乱から平和な時代を実現することを示していました。

そもそも、〝働く幸せ〟とは何かを把握することが大前提です。

「働く＝仕事」であり、仕事とは「つかえること（仕える事）」、つまり他者に仕える事です。仕えた結果として、他者に喜んでもらい、感謝されることにより、〝働く幸せ〟を感じられるようになるのです。

およそ400年の歴史のある住友グループの事業精神に「**自利利他公私一如**」（**事業は自身を利するとともに、国家を利し、かつ社会を利するものでなければならない**）というものがあります。

これはいまでいうところの「マルチステークホルダー（多様な利害関係者）主義」にも通じます。

つまり、自分たちだけでなく、顧客や取引先、社員、地域社会も等しく重視するということ。「売り手よし、買い手よし、世間よし」という近江商人の「三方よし」もそうですが、何百年と培ってきた公益を重視する精神です。

わかりやすく〝働く幸せ〟を感じられる状態を整理すると、次の3つになります。

1 商品・サービスを通じて顧客に喜んでもらう
2 働く仲間の役に立ち感謝される
3 社会に貢献する

組織として打ち立てた目標の実現により、こうした〝働く幸せ〟が具体的にどのように実現するのかを示すことが必要なのです。

先ほど触れた機械系のメーカーでは、メンテナンス事業を軌道に乗せることにより、「顧客は機械を止めずに使い続けられ、機械が止まることで発生する顧客の損失を防止でき、顧客に喜ばれる。また、社会インフラでもある顧客の機械を止めないことは、社会貢献にも通じる」と明文化し、全社員で共有したことにより、新事業への社員の主体性、コミットする力、自律性が高まっていきました。

目標達成により部下の〝経済的幸せ〟を実現する

目標を実現することにより、部下たちに〝経済的幸せ〟を得られることを示すことも大事です。徳川家康も、目標の実現により、多くの大名に石高が増えることを期待させました。

そして、実際に家康に味方した武将たちの多くは、石高を増やすことができました。

たとえば、山内一豊（１５４５〜１６０５年）は家康に味方をしたうえに、居城であった掛川城（静岡）を家康に提供した功績により、土佐一国を与えられて初代藩主となり、掛川藩５万１０００石から土佐藩20万２６００石へと、約4倍も石高を増やしました。

このことにより、山内家は江戸時代を通じて、徳川家に強い忠誠心をもち続けたのです。

なお、この山内一豊の出世物語は、司馬遼太郎著『功名が辻』に描かれ、2006年のNHK大河ドラマにもなりました。

現代であれば、ボーナスや基本給のアップにより、収入が増えると期待させることです。**目標を実現しても収入増に直結しないとなると、慈善事業でやっているわけではないので、なかなかモチベーションが高まらないのが人情でしょう。**

経営者としては、収入が増えなくても、自分たちの目標達成に尽力してくれる社員が理想かもしれませんが、それは労働搾取とまではいわないまでも、似たような発想がともなっているといっても過言ではないのです。

単に「会社が大きくなれば、みなさんの収入も上がりますよ」と漠然とした伝え方をするのではなく、具体的に、どのように待遇が向上されるかを示すことが大事です。

ただし、注意が必要なのは、あくまで「目標が実現した場合」であることです。目標が実現しないのに、〝経済的幸せ〟だけ実現するということはないことも、あわせて伝えてもよいでしょう。

〝働く幸せ〟も〝経済的幸せ〟も、すべて明文化して、全社で共有できるようにしましょう。

私のコンサルティングでは、やはり毎年作成される経営計画に記載するケースが多いです。

前述した機械系メーカーでも、経営計画に会社が考える〝働く幸せ〟〝経済的幸せ〟を明示しました。

すると、社員のなかには、「会社がここまで自分たちのことを考えているとは思っていませんでした」「目標の実現に向けて、積極的にとり組んでいきたいです」という声が上がったのです。


目標に向けて部下が主体的にとり組むポイント

1 **目標の実現により〝働く幸せ〟が得られることを示す**
2 **目標の実現により〝経済的幸せ〟が得られることを示す**

リーダーの
悩み

長年の友人だと思っていた同僚と、
今後の目指すべき姿についで意見がくい違っています

ほんのこての友なら、忖度せずに信念を貫くべきでごわす

大久保利通

大久保利通

大久保利通（１８３０〜78年）は、幕末から明治時代初期を生きた武士（薩摩藩士）、政治家。薩摩藩の下級武士として生まれ、西郷隆盛とは住まいが近所であり、幼いころから親友だった。藩の下級役人を務めていたが、薩摩藩の実権を握る島津久光（１８１７〜87年）に抜てきされ、薩摩藩が京都・江戸などで主導権を得られるように政治工作を進める。武力を背景に知藩事を解任して東京に移し、中央から県令を送り込んで人心を一新した革命的ともいうべき廃藩置県（１８７１年）を新政府高官として断行した後、アメリカ・ヨーロッパを巡る岩倉使節団（１８７１〜73年）に参加。諸外国に対抗するためには、日本の国力を拡充することが重要と考え、帰国後に国内産業の振興などを目的とする「内務省」を設立。また、朝鮮との戦争につながりかねない「征韓論」を主張する盟友・西郷隆盛と対立（１８７３年）し、西郷は政府を去る。その後、内務省を拠点とした産業の振興や、各地で発生した士族（旧武士階級）の反乱の鎮圧に努める。西郷が士族に担ぎ上げられて起こした西南戦争（１８７７年）で激突するも鎮圧し、敗れた西郷は鹿児島・城山にて自刃する。幼いころからの盟友の死を乗り越えて、新国家建設に意欲を燃やしたが、西南戦争の翌年、東京・紀尾井町で石川県の士族に暗殺される。その死後、多額の借金を負ってまで、国に私財を投入していたことが明らかとなり、人々を驚かせる。

家族同然の盟友が袂《たもと》を分かつワケ

大久保利通と西郷隆盛の関係は、幼いころからの親友、というより家族同然でした。そのことを感じさせるエピソードがあります。

大久保は若いころ、たいへん貧しい時期があったのですが、それは父・利世が薩摩藩内のお家騒動に巻き込まれて遠島《おんとう》（島流し）にされてしまい、また大久保自身も職を奪われたからでした。大久保家は収入源を失い、食事も満足にとれないくらいでした。

そんなとき、西郷の実家は大久保を温かく迎え入れ、食事をともにしていました。このような西郷家の温かい支えもあり、大久保は貧しい時期を乗り越えることができたのです。

このように深いつながりのある2人は、幕末の動乱を二人三脚で乗り越えました。

お互いの強みを活かし、大久保は京都や江戸で、朝廷や幕府・各藩に対する政治工作を担う一方、西郷はおもに軍事面を担い、初めは長州藩、後には江戸幕府との戦いで、薩摩藩を勝利に導きます。

このような2人の連携プレーが時代を大きく動かし、とうとう西郷は江戸城を無血開城（1868年）に導き、江戸時代を終わらせたのです。

しかし、明治時代になると、2人は別々の道を歩むこととなり、最後は袂を分かちます。

大久保は、岩倉使節団として海外を見聞したこともあり、国力の整備が必要と考えました。また、出身や身分を問わず、新しい時代へのアイデアをもった有能な人材を政府に採用し、産業を振興しようとします。

いまだに大きなコストがかかる士族を切り捨てることはやむを得ないと考え、士族の収入や特権を奪う政策も進めます。

一方の西郷は、新しい時代の変化は理解しつつも、あまりに激しい変化により置き去りにされる人たちに心を痛めていました。とくに、収入や特権を奪われた士族に対する想いは大きかったのです。

鎖国をしていた朝鮮に武力によって開国を迫る「征韓論」によって、士族に活躍の場を与えようとする西郷と、士族の特権を奪ってでも国力の整備を優先させる大久保の対立につながりました。

家族同然だった2人が、日本を二分するような対決を繰り広げることになってしまったのです。大久保はこの対決から逃げず、西郷と激突しました。

このとき、大久保は西郷の心情に配慮し、「征韓論」を実行して国が混乱したならば、なんのために西郷と二人三脚で幕府を倒し、明治という新しい時代を切り開いたのか、わからなくなると考えたのではないでしょうか。

政府の首脳の1人である岩倉具視（1825〜83年）を自分の味方とするなど、大久保の政治工作の前に西郷は敗れ、鹿児島に戻っていきます。

大久保は西郷が士族たちに担がれないように、熊本・佐賀・山口など各地の士族の反乱を早期に鎮圧しましたが、その努力もむなしく、西郷は西南戦争を起こし、最後は鹿児島・城山にて自刃します。

その死を聞いた大久保は号泣しながら、「おはんの死とともに、新しか日本が生まれる。強い日本が」とつぶやいたとも伝えられています。

つらいことに負けず、がまん強く心を動かさない

このままでは売り上げが減少したり、赤字に転落してしまったりといった苦境を脱するため、現在の事業内容を見直さないといけないことがあります。変化の激しい時代ですから、

事業の見直しは、今後も増えてくるでしょう。

これまで費やしてきたお金や労力が惜しくて、同じことを続けてしまう心理を「サンクコスト（埋没費用）効果」と呼びますが、事業が落ち目のときには、勇気をもって切り捨て、損切りしなければいけないこともあります。

切り捨てられる対象には、長年一緒に仕事をしたり、酒を酌み交わしたりした盟友がいるかもしれません。

また、事業の見直しに対して、幹部のなかには反対する人がいるかもしれません。その幹部の影響力が大きい場合、反対の声を押し切って損切りすることは、大きなエネルギーをともないます。

しかし、仲間に対する温情や反対意見に対する遠慮に引きずられてしまうと、最後は組織全体が存続できないことになるかもしれません。

大久保利通も、西郷隆盛への友情に引っ張られ、「征韓論」を認めていたら、日本そのものが沈滞することになっていたかもしれないのです。

リーダーたるもの、組織の存続がかかっている〝いざというとき〟は、反対派との対立を

恐れず、決然と立ち向かうべきですし、それこそがリーダーとしての進むべき道です。

大久保の座右の銘に「堅忍不抜《けんにんふばつ》」があります。中国の古典で「つらいことに負けず、がまん強く心を動かさないこと」を意味します。大久保は家族同然の西郷と対立してでも心を動かさず、じっと我慢して耐え忍ぶことを選んだのです。

リーダーとして覚悟を決めて反対派と対立したとき、心がけるべきことは「**リーダーが自分のやろうとすることに確信を抱くこと**」です。

大久保も岩倉使節団で諸外国を見聞したことで、国力拡充を優先すべきだと確信できたからこそ、「征韓論」に断固として反対することができたのです。

外部環境の変化に気づかず、ごく限られたコミュニティや独善的な信念に従って自分の行動を決めていると、内部志向に陥ります。すると、外部環境に適応するべく事業内容の見直しをしようにも、反対派と勇気をもって対立することはできません。

同僚や部下との会議で話し合うだけでは、どうしても内部志向のバイアスがかかり、実際の現場感覚とのズレが少なからず生じるものです。

私がコンサルティングにおいてリーダー候補の人材にアドバイスするとき、同僚や部下の話を聞くことも大事ですが、それ以上に積極的に外部の取引先や顧客に会って、その状況やニーズを直接聞くようにアドバイスしています。そうすることで、どのような事業が求められているのかをイメージしやすくなるからです。

年商40億円規模のあるメーカーの経営者候補は、営業責任者から「これから求められる仕様はこういうものです」とヒアリングしたのですが、それだけで判断せず、主要な顧客にアポイントメントをとり、直接話を聞きました。

すると、営業責任者から聞いた仕様と、顧客のニーズには、かなりの温度差が感じられたのです。

営業責任者の意見に反する提案をすることになりましたが、自分が直接拾ってきた市場のニーズに確信をもったことから、営業責任者とは対立することになったものの、商品戦略の方向性を見直すことにしました。

リーダーはメンバーを守るためにメンバーと対立せよ

現在の業績が右肩下がりの状況が続くと、部下のボーナスや毎月の給料が減り、最悪の場合は仕事を失うこともあるでしょう。その結果として、住宅ローンが支払えずに自宅を手放すなど、人生設計が狂うこともあるかもしれません。

そのようにならないようにするのは、リーダーの責務です。もし業績向上に事業の見直しが必須で、それに反対する人がいても、多くの部下たちを守るためには、事業の見直しを行うべきなのです。

短期的には反論があるかもしれませんが、事業の見直しによって業績が回復すれば、反論はなくなります。

また、事業の見直しでは、切り捨ての対象となるメンバーが、新しい事業で活躍する場をつくるのもリーダーの大事な責務です。

大久保も士族の特権を奪いつつも、同時に旧武士階級が活躍できる産業の育成にも尽くし

たのです。

リーダーは、組織の存続のためには、対立すべきときには確信と覚悟をもって対立しつつ、どのようになっても部下が活躍できる場を設けるように尽くす。これがリーダーとしての大切な役割です。

事業見直しでリーダーが考えるべき意思決定のポイント

1 **顧客ニーズや時代の変化を踏まえて事業見直しに確信をもつ**
2 **事業を見直しても部下を守る**
3 **新しい事業でもメンバーが活躍する場をつくる**

仕事は任せて終わりではなく、心のケアが必要だった

石田三成の反省

石田三成（1560〜1600年）は、安土桃山時代の武将・大名。近江（滋賀）の武士の家に生まれ、若いころから羽柴（豊臣）秀吉に仕える。官僚としての実務能力が高く、戦において食料や武器などを調達する物流面を担ったほか、太閤検地や刀狩りといった新たなとり組みを全国で実施。秀吉の晩年には豊臣政権の実務を担う5奉行の1人となる。ただし、関東の北条氏を成敗するため、秀吉に命じられて北条氏の支城を水攻めにした忍城《おしじょう》の戦い（1590年）では苦戦するなど、武将としての資質は高くなかった。秀吉が亡くなると、天下とりを目指す徳川家康に対抗して関ヶ原の

石田三成

戦いを起こし、敗れ、処刑される。

ドイツの名参謀が絶賛した布陣なのに敗北したのはなぜか？

石田三成は、豊臣秀吉の側近として天下統一事業を支え、大名となった人物です。秀吉の晩年には、豊臣政権の実務を引き受ける5奉行の1人として中枢を担います。

豊臣政権で三成が果たした役割は大きなものがありました。現代風にいうと、優秀な官僚だったのです。

1598年に秀吉が亡くなると、徳川家康が豊臣家の天下を奪う動きを始めます。

こうした動きに対し、豊臣政権を存続させようとする三成が、家康打倒を目指して挙兵。西軍（三成側）の総大将として、中国地方の大大名・毛利輝元《てるもと》（1553～1625年）を担ぎ上げます。そのほか、島津家（鹿児島）・宇喜多家（岡山）・長宗我部（高知）など、西国の有力大名も味方にします。

西国の有力大名を率いた三成は、関ヶ原で家康側の東軍を囲むような布陣となって決戦に臨みます。

後年、明治時代になって陸軍設立時に招へいされ、日本陸軍の近代化を教導したドイツ軍人、クレメンス・メッケル（1842～1906年）は、関ヶ原の戦いの布陣を見て、「これは西軍が勝ったのだろう」と絶賛したほど、西軍のほうが優勢だったのです。

実際には西軍が負けたわけですが、西軍の島津家や、家康の本陣の真後ろにいた毛利家はまったく動きませんでした。

そのうえ、両軍どちらにつくか明確でなかった小早川家は東軍に味方し、また西軍として戦っていた脇坂安治《やすはる》（1554～1626年）などが東軍に寝返った結果、西軍は敗北したのです。

三成は逃亡しますが、とらえられ、後日処刑されてしまいます。

「自分が正しい」という奢《おご》りから配慮が足りずに敗北する

有利な布陣だったにもかかわらず、敗北を喫した理由はいくつか考えられますが、**その1**

つに三成は、段取りや配置など事務的な企画力には秀でていたものの、人的なケアが不十分だったことがあります。

実際、夜討ちなどの奇襲攻撃を提案したものの、三成に却下された島津家は、三成に反発し、関ヶ原の戦いではほとんど戦いに参加しませんでした。

過去に三成により領地縮小の危機に直面した小早川家も、三成に素直には従えない感情があったでしょう。

こうした抵抗や反発に対して、三成が丁寧にケアしていたら、島津家や小早川家は三成側に加勢し、関ヶ原の戦いの結果は違ったものになったかもしれません。

勝利を収めた家康は、多くの大名に自分の味方となるようケアをする手紙を送っていますが、三成についてそのような手紙は、ほとんど残っていません（ただし、これは三成が負けたため、多くの手紙が処分された可能性があります）。

現代においても、事務的能力が高く、工程表やスケジュールなどの段取りを組み、体制構築も優れているものの、実際にはとり組みが進まないといったケースがあります。

その原因としてよくあるのは、担当者の「自分が正しい」という気持ちが強すぎるがあまり、現場の意見をむげに否定したり、却下したりするなど、他者の気持ちへの配慮が乏しいことです。

いくら事務的能力があっても、自分1人で成し遂げられないことなら、人心がついてこないことには、計画通りに進められません。

私がコンサルティングしたプロジェクトでも、主導するリーダーが「自分の考える方針が正しく、その方針を貫きたい」という思いが強すぎて、ほかのメンバーの意見を否定したり、却下したりして、反発を招いたことがありました。

リーダーという地位にあぐらをかいて、部下の意見や批判を受け入れないため、方向性を見失った〝裸の王様〟のような状態になり、スケジュールは明確なものの、遅々として進まなかったのです。

こうした事態に陥ったときには、次のように対処するのがおすすめです。

①自分の強い思いはいったん脇に置いて、相手の立場になって考える
（自分の発言によって相手が感じることを想像する）
②相手の立場を想像しつつ、相手の考えや思いに耳を傾ける
③そのうえでリーダーとしてどのような方向に進みたいのかを伝える

①②ともに「自分は絶対に正しい」という思いにとらわれると、相手の立場に立ち、傾聴することは難しいです（相手にもそれが伝わります）。

前述のプロジェクトでも、リーダーが①〜③にとり組むことにより、プロジェクトが徐々に前進するようになりました。

部下の考えや思いに耳を傾けるだけでも「自分を尊重してくれた」という気持ちになり、協力してくれるのです。

いくら能力が高い人でも、自分だけでは成果が出せません。成果を出すには、部下の考えや感情を尊重することで、まわりの人を味方につけて巻き込み、力を借りることが欠かせないのです。

歴史を学んでいると、歴史を継承して未来を創造するという場面に出くわすことがあります。いちばんの典型は、幕末の日本です。

当時は幕府のほかに300もの藩に分かれており、また海外に対してほぼ国を閉ざした状態にありました。その状態で長らく平和な時代を過ごしてきたのですが、ペリー来航（1853年）をはじめ、西洋諸国が来航するようになり、侵略される恐れが生じてきたのです。

そうした危機に対応する国のかたちが模索され始めたのですが、そこで日本の歴史を振り返る動きがありました。

かつては天皇を中心として国が1つにまとまっており、古くは遣隋使や遣唐使に代表されるように中国などから学んだ歴史がありました。

西洋諸国に対抗する国づくりとして、天皇を中心に国を統一し、海外から学んで国を強くするという理想が幕末に生まれ、明治時代に実現するのです。

歴史を振り返ることで未来のかたちを創造するというのは、国に限らず、会社でも活用できます。

会社の歴史を振り返ると、その会社が大事にしてきた考え方や、会社が成長したとき、または厳しい状況に陥ったとき、どのようなとり組みをしてきたかを知ることができます。

そのなかに組織が目指すべき未来のかたちのヒントがたくさんあるのです。

私は依頼をいただいてコンサルティングをするとき、クライアント企業のこれまでの歴史を知るところから始めます。そして、社史を読んだり経営者の話を聞いたりすればするほど、未来のかたちのヒントとなるものがたくさんあることに気づかされます。

排水処理の薬剤に強い化学品メーカーのコンサルティングを担うため、その社史を振り返ると、その成長期には外部からの技術支援を受けていることがわかりました。

内部志向で閉鎖的になることなく、外部から積極的に知恵を得ようとするのが、この企業の強みであり、次世代にも継承すべきＤＮＡであることを社史から感じたのです。

一方、接着剤の販売代理店として成長してきたある老舗商社では、創業者が「きれいな化粧板（家具などで使用する板）に釘を打ちたくない（釘を打つと見栄えがよくないため）」という想いから接着剤をとり扱うようになった経緯がありました。

そうした創業者の想いを現在の経営者が受け止めて、業容を拡大しました。具体的には、接着剤の商社事業に加えて、建設資材の商社事業や空間全体の見栄えをよくする内装工事事業、さらに海外事業まで、M&Aをによって拡大しています。

ちなみに、創業者の想いを踏まえた同社の経営理念は「釘を打ちたくない」です。

この2社の例に限らず、会社の歴史には未来のかたちのヒントになるものが本当にたくさんあります。会社の歴史を振り返るというと、過去の事業をひたすら守り続けることにならないかと懸念する人がいるかもしれません。しかし、私は逆だと思っています。会社の歴史を振り返ることで、「環境の変化に合わせて事業を変えていかないといけない」ということに気づくからです。

長い年月を乗り越えて存続してきた会社ほど、時代の変化に合わせて柔軟に変化してきています。会社の歩みのなかにある「変化」に気づけば、次なる変化への気づきにもつながるのです。みなさんにも一度、自分が勤める会社の社史をたどってみることをおすすめします。そこには自分が強みを発揮できるヒントが埋まっているかもしれません。

第6章

健康

を優先しない者に優れたリーダーはいない

リーダーの
悩み

健康の不安がありますが、連日のように飲み会があります

わしの父も兄も酒で亡くなったことを忘れるでない

毛利元就

毛利元就

酒に弱い体質を自覚して節制し大事を成し遂げる

毛利元就の祖父・毛利豊元《とよもと》（１４４４～76年）は33歳、父・毛利弘元《ひろもと》（１４６８～１５０６年）は41歳、兄・毛利興元（１４９３～１５１６年）は24歳の若さで早世していきます。いずれも、酒が原因で亡くなりました。

そのためか、元就は宴会には出るものの、自分は下戸だとして酒を飲まず、その代わりに餅《もち》を食べていたそうです。しかし、飲酒自体を否定していたわけではなく、まわりの酒好きを止めることはありませんでした。

ただし、自分の子や孫には、酒を飲み過ぎないように戒める手紙を送っています。

元就の祖父・父・兄が、酒が原因で早世したのは、遺伝的にアルコールに弱い体質だった可能性があります。

体内では肝臓でアルコール（エタノール）を有害物質「アセトアルデヒド」に分解した後、さらに酢酸へと解毒します。アルコールに弱い体質の人は１段階目が速かったり、２段階目が遅かったりして、有毒なアセトアルデヒドがたまりやすいそうです。
アセトアルデヒドには発がん性がありますが、日本人の4割ほどは、アセトアルデヒドを解毒する酵素の働きが弱く、飲むとすぐ赤くなるタイプといわれます。
また、5％程度の人はまったく酒を飲めない下戸なのだそうです。そうした体質は遺伝的に決まるともいわれています。

元就の親族が、軒並み酒が原因で早世していることを考えると、遺伝的にアルコールに弱い体質だった可能性があります。

元就は酒に弱い遺伝的体質を自覚していたからこそ、酒を控えたのでしょう。そのかいもあって元就は当時としては長寿である75歳まで長生きしました。

安芸国（広島西部）の一領主に過ぎなかった元就は、生涯で200回を超える合戦を経て、一代にして中国地方を治める戦国大名となりましたが、それも酒を控えて長生きできたからこそ。

山口を中心とした戦国大名・大内氏を滅ぼしたのが60歳、山陰の戦国大名・尼子氏を滅ぼしたのが69歳のときなのです。

酒を味方につけるための基礎知識

酒を交えてのコミュニケーションは、日ごろは話せないことでも腹を割って話せることもあり、ビジネスで欠かせないものといっても過言ではありません。

ひと昔前のマスコミ関係の酒を交えたコミュニケーションは、たいへん盛んだった印象があります。知り合いの大手広告代理店の社員から聞くところによると、公私ともに長年にわたる飲酒が災いしてか、退職後に体調を崩してしまう先輩が多いそうです。

功罪両面をあわせもつ酒と上手につき合うためには、毛利元就同様にアルコールに対する自分の耐性を知ることが前提です。

飲酒にともなうリスクを周知して、アルコールによる健康障害を防ぐため、厚生労働省の検討会は2024年、年齢や体質に応じた留意点などを盛り込んだガイドラインをまとめました。

飲酒についての指針を国が策定するのは初めてのことですが、飲むときには事前に食事をとったり、休肝日を設けたりするなど体に配慮するようすすめています。

酒を飲むと顔が赤くなるアルコール分解酵素の働きが弱い人は、口内や食道にがんが発症するリスクがとても高くなるという報告があるとして、「純アルコール量（g）」に注目することが重要としています。計算方法は次の通りです。

純アルコール量（g）＝摂取量（ml）×アルコール濃度（度数÷100）×0.8

生活習慣病リスクを高める飲酒量は、政府の健康づくり計画「健康日本21」（第3次）にある1日あたりの純アルコール量「男性40g以上、女性20g以上」としています。

純アルコール量20gは、日本酒1合、ビール中瓶1本に相当します。

避けたい飲み方としては、一度の飲酒で純アルコール量60g以上を摂取したり、不安や不眠を解消するために飲んだり、他人に飲酒を強要したりすることを挙げています。

健康に配慮するためには、あらかじめ酒量を決めておくことも有効だとしています。

アルコール体質をチェックして飲み会に上手に参加する

アルコールを分解する能力には個人差がありますから一度、病院でアルコール体質検査を受けてみるのもおすすめです。

アルコールに強いものの体内に残りやすいタイプや、じつはアルコールに弱い体質なのに顔に出にくいタイプ、アルコールをまったく受けつけないので飲まないほうがいいタイプなど、体質によりさまざまなタイプがあるそうです。

自分の体質を知ることが、コミュニケーションツールとして酒とうまくつき合う第一歩になると思うのです。

病院で検査を受けるのがおっくうならば、腕に貼るだけで簡易的にチェックできる「アルコール体質試験パッチ」が市販されていますから、試してみてもよいでしょう。

私のまわりでも、こうしたアルコール体質チェックにより、アルコールに弱いとわかった人は、飲み会の場でそのことを伝え、無理に酒をすすめられないようにしているケースもあります。

こうすることで飲み会や宴会に参加しつつも、自分のベースでコミュニケーションをとる

ことができます。

会社や取引先との会議、オンラインミーティングなどで、すべてを完結できればよいのですが、やはり酒を酌み交わすからこそ腹を割って話せることもありますから、自分の体質に適したアルコール量やノンアルコール飲料で参加するといいでしょう。

昔と違い、いまはそのようなかたちでの飲み会への参加に理解が進んでいると思います。アルコールに強くないにもかかわらず、無理に飲んでとり乱してしまい、周囲の評価を落としてしまう人も時々見かけます。

本来飲み会はコミュニケーションを深めるための場ですから、こうなるとむしろ逆効果です。自分にあった酒とのつき合い方が、飲み会の場を最大限に活用するものとなるのです。

酒とのつき合い方のポイント

1 **きちんと自分の体質を知る**

2 **飲み会・宴会などは参加しつつ、自分のペースで飲む**

リーダーの
悩み

健康の不安がありますが、最近は体も動かせていません

大きな目標を実現したければ、年をとっても運動せよ

徳川家康

日本初、健康のためにスポーツをした人物?

徳川家康は、武田信玄・上杉謙信・豊臣秀吉など、多くの戦国武将が志なかばで病に倒れたのを見ていました。それだけに、勝利をつかむためには、健康であり続けることが重要だと考えていたと思います。

そのため家康は、暴飲・暴食を避け、さまざまな健康管理をしていました。何より、率先して体を動かすことをつねとしていたのです。

家康は日本史上、健康増進のためにスポーツをしていた初めての人物ともいえるかもしれません。

連日のように剣・槍・弓・馬・鉄砲など、武士としての稽古に励むとともに、水泳にも力を入れていました。

また、鷹狩りを好んでいたことも、よく知られています。朝早く山野に行って鷹を飛ばし、獲物を探して駆け巡るのです。

現代のゴルフに相当するようなレジャーであり、山野を駆け巡るなかでアップダウンのある適度な運動ともなります。

家康は75歳で亡くなるという、当時としては長寿でしたが、70歳をすぎた晩年も、たびたび鷹狩りに出かけました。

また、家康は医学に深い関心を寄せ、自らの生活にとり込んでいました。中国から医学書をとり寄せて読んだり、自分に仕える医師に教えを請うたりして、医学の知識を蓄えていたのです。

家康は、医師も顔負けの調剤道具一式をもっていて、自ら薬を調合していました。**調合した薬を自分で使うこともあれば、側近や大名が風邪をひいたり、腹をこわしたりしたときには、症状に応じて調合した薬を与えていたほど精通していました。**

このような健康管理により、家康は晩年になっても健康そのものだったのです。

69歳のときに釣りに出かけた際、なんと川泳ぎしたという記録があるのですから驚きです。

弱い度数の老眼鏡（日本初の洋式眼鏡）は使っていましたが、視力も聴力も晩年までしっかりしていました。

当時としては老齢の59歳にして、関ヶ原の戦いに勝利を収めて天下をとり、江戸幕府を創設。最晩年には最大の懸念だった豊臣家を大坂の陣で滅亡させて、その翌年、すべてを成し遂げて満足したかのように75歳の人生に幕を閉じたのです。

スポーツを楽しみつつ、体に不安があればすぐに対処

徳川家康の健康管理から、とくにリーダーが健康であり続けるために必要なことについて考えてみましょう。


第一に、長い時間をかけてでも、達成したい目標を掲げることです。

目標があるからこそ人生に張り合いが出てくるものです。また、目標があれば、その実現までは元気でいないといけないとも思えます。

目標は人それぞれ、仕事のことでもプライベートのことでも、なんでもアリだと思いますが、できればワクワクできるもので、少し頑張りながら追い続けられるものだといいです。

家康自身は天下人となり、平和な社会を実現することが目標だったと考えられます。実際、

家康は62歳で亡くなった秀吉以上に長生きできたからこそ、天下人となれたともいえます。

ある地方の年商１００億円規模の住宅メーカーの社長は、全国展開を目標としたときから、大好きだった酒を一滴も飲まなくなりました。

当時50代半ばだったその社長は、全国展開という目標を成し遂げるまでは、絶対に倒れるわけにいかないと考えたそうです。

その後、全国展開を進めることができ、70代半ばの現在も元気に陣頭指揮をとっています。

自分の目標を達成するためにも、健康でいるには、自分自身が楽しめる運動を続けることが有効です。家康も、鷹狩りをするなど、健康のために体を動かし続けました。

年齢を重ねても健康で活躍するリーダーは、定期的に何かしらの運動を楽しんでいるケースが多いです。食事の管理も大切ではありますが、年齢を重ねれば重ねるほど、結局のところ運動することによる〝体力と気力の維持〟が大きく影響します。

経営者にはゴルフ好きが多いですが、そのほかにも自転車や山登りなど、下半身の筋力や心肺機能の強化を無理のない範囲で楽しんでいる人も多いです。

また、体調に不安があれば定期的に健康診断を受け、何か異変があれば早期に改善に向けて対応することも欠かせません。

自分の体調の異変を直視する

これらは当たり前のことのようですが、じつは体調に不安があるにもかかわらず、それを直視することなく、放置する人は多いように感じます。

ずっと放置した結果、気づいたときには病状がかなり進んでいたというケースも少なくありません。

家康は中国から医学書をとり寄せ、医者から講義を受けたりしましたが、いまはインターネット上で手軽に情報を得ることもできますし、かかりつけ医にアドバイスを受けることだってできます。

私自身、40代後半になったいま、老眼や腰痛を患ったりして、体調に異変を感じることが多くなりましたが、異変を感じたときは放置せず、インターネットで情報を得つつ、適切な診療科を受診して医師に診てもらうようにしています。

病を押して無理をしても、仕事の生産性は上がらず、生活の質も落ちていくでしょう。どんな病も、結局のところ早期発見・早期治療が有効だといいます。

体調を優先し、無理のない範囲で運動することで、家康のように長生きしながら大事を成し遂げましょう。

健康管理法のポイント

1　**長い時間をかけてでも達成したい目標をおく**
2　**自分自身が楽しめるスポーツを続ける**
3　**体に不安があれば調べ、改善に向けて対応する**

基本ストイックだが、酒だけはやめられなかった……

上杉謙信の反省

上杉謙信（1530～78年）は、戦国時代の越後（新潟）の戦国大名。越後の実力者・長尾家に生まれ、当初は長男でなかったため寺に入れられるが、兄が当主として人望がなかったこともあり、長尾家の当主となる。室町幕府では関東を治める立場ながらも、関東の北条家の勢力拡大により力を失った関東管領の上杉家を保護し、その名跡を継ぐこととなったことにより、上杉謙信と名乗る。甲斐（山梨）から信濃（長野）に勢力を拡大してきた武田信玄と川中島（長野）で5度戦うが、勝敗が決まらずに終わった。晩年は織田信長と対立し、手取川の戦い（1577年）では織田軍に勝

利するが、次の遠征の前に倒れ、意識が回復しないまま亡くなる。

ストイックなのになぜ〝酒の誘惑〟には勝てないのか

戦国時代に越後を支配していた上杉謙信は、「戦国最強の武将」といわれ、当時の多くの戦国大名から恐れられていました。

5度にわたり川中島の戦いを行い、謙信に勝てなかった武田信玄は北に進むことを諦め、太平洋側の南に進むこととなりました。

また、謙信は関東地方の北条氏康（1515〜71年）を攻めたり、晩年には織田信長と戦い、手取川の戦いで織田軍に完勝したりしています。

とにかく謙信は強かったのです。

そんな戦国最強の謙信の日常は、非常にストイックなものでした。

もともと子供時代に禅寺で修行していたこともあり、日ごろから居城内にある仏像・毘沙《びしゃ》門天《もんてん》が置かれた建物にこもって坐禅を組み、瞑想をしていました。毘沙門天は戦いの神であり、謙信は自分のことを「毘沙門天の生まれ変わり」だと言いました。

日常の食事は、副食として汁もの1品と惣菜1品だけの「一汁一菜」と、とても質素でした。

ただし、ひとたび出陣となれば、山のように米を炊き、兵士たちに山海の幸をふんだんに振る舞ったといいます。勝利を祈って豪勢な食事が振る舞われたことから、謙信の「かちどき飯」と呼ばれています（これは現在も新潟県で食べることができます）。

また、謙信は生涯未婚で独身を貫いています。跡継ぎとなった上杉景勝《かげかつ》（1555〜1623年）をはじめ、子は何人もいましたが、すべて養子だったのです。

私生活でも、女性の影が見えてきません。

このように謙信は、とにかくストイックで、まさに毘沙門天の化身のように戦のことだけ考え、戦に勝ち続けたように思えてなりません。

ただし1つだけ、謙信をもってしても〝勝てない誘惑〟がありました。それは酒です。とにかく大酒飲みだったのです。

友人でもあった近衛《このえ》前久《さきひさ》（１５３６〜１６１２年）の書状には、「朝から飲むのがたびたび」とあり、戦場でも馬の上で酒を飲むほどだったのです。

糖質を豊富に含んだ清酒を朝から飲んで糖尿病に？

当時の酒の主流は、玄米を発酵させたもので保存がきかず、つくられる季節も限られていました。

しかし、上杉謙信が飲んでいたのは、白米だけを使い当時の最新技術でつくられた「諸白《もろはく》づくり」の清酒でした。諸白づくりは、麹と掛米の両方に白米を使い、澄んだ酒をつくる手法です。乳酸菌の働きで雑菌を抑えるので保存がきき、１年中つくれるものでした。

そのため謙信は、年中酒を飲むことができたのです。

諸白づくりの清酒は、現在の日本酒と比べて、糖質が倍以上あったといわれます。

そんな糖質過多の清酒を毎日、しかも朝から大量に飲んでいたことにより、謙信は糖尿病を患っていたと考えられています。

謙信が使用した甲冑《かっちゅう》の胴まわりから、もともとはメタボ体形だったといわれますが、晩年の肖像画を見ると、かなりやせ細っています。

食事後に吐いたり、高熱を出して左足に腫れ物ができていたりしたことから、重度の糖尿病だったのではないかといわれているのです。

最後は糖尿病が原因かもしれない脳卒中に倒れ、帰らぬ人となったと考えられています。

現代でもストイックな生活を続けている人ほど、ストレス発散で過度に酒を飲んだり、酒を飲むと人が変わったりするケースがあります。

張りつめて仕事をしていると、酒に頼って気分を解放したり、日ごろは隠している本性が酒の力で露《あら》わになったりすることもあるでしょう。

謙信も日ごろからストイックな生活や戦をしていただけに、酒を飲むことで心身を解放していた可能性はあると思います。

しかし、体質によっては、過度な飲酒により、心身を壊すことが多々あります。

謙信のように糖質を含む日本酒やビール、ワインといった醸造酒を多量に常飲すると、糖尿病のほか、さまざまな病気の原因になりかねません。

適度な飲酒はどんな薬にも勝る効果があるという意味で「酒は百薬の長」ともいわれますが、最近では少量でもアルコールは健康に害を及ぼす可能性があるというエビデンス（科学的根拠）も出てきています。

ただし、前述したようにお酒を通して交流が深まったり、仲がよくなったりすることもありますから、個人的には無理に断酒するより、自分の体質を知ったうえで嗜《たしな》む程度にするということに尽きると思います。

酒はストレスのはけ口というよりも、人間関係の潤滑油として適量を飲むのがいちばんではないでしょうか。酒を飲んでとり乱したり、暴言を吐いたり、暴力を振るったりするのはもってのほかなのは、いうまでもありません。

ときおり経営者やキャリア官僚など社会的地位がある人が、飲酒によりとり乱して事件を起こしてしまった報道に触れると、考えさせられるものがあります。

肥満もよくないが、ダイエットのやり過ぎもよくないでごわす

西郷隆盛の反省

極度の肥満解消のために糖質制限ダイエット

東京・上野公園にある西郷隆盛の銅像を見ると、とても恰幅《かっぷく》がよく、貫禄があったことがうかがえます。実際、40代半ばで陸軍トップの陸軍大将だったころの西郷の体形は、身長

180㎝にして、体重110㎏だったといいます。

やせているか肥満かの目安になるBMI(体格指数)の値は34と、現在の日本では200人に1人くらいの肥満体形だったようです。

もっとも、西郷は生涯にわたって、そんな肥満体形だったわけではないようです。20代まではやせ型でしたが、1度目の遠島(島流し)で訪れた奄美大島で家族をつくり、のんびりした環境で最初の肥満を経験しています。

しかし、2度目の遠島で訪れた沖永良部島では、壁も戸もない2坪程度の狭くて粗末な牢獄に入れられ、激痩せしました。

沖永良部島から戻ってからは再び太り、40代半ばには肥満体形となったのです。

とうとう、軍馬にも乗れないようになった西郷を心配した明治天皇(1852~1912年)から、ドイツ人内科医、テオドール・ホフマン(1837~94年)が西郷のもとへ派遣され、診断しました。

ホフマン医師は、その診断結果について叔父に手紙を送り、次のように書いています。

「脂肪分が増えて血管をふさぎ、血のめぐりが悪くなる。よほど内臓が迷惑しているらしく、すべての脂肪をとることが必要」

ホフマン医師は、西郷の肥満は危険な状態と判断し、下剤（ひまし油）を1日5回飲むよう処方しました。さらには、白米や豚肉を控えるように伝え、体を動かすのに山歩きを課しました。

西郷は下剤と当時ヨーロッパで流行していた糖質制限食による厳しいダイエットをしつつ、愛犬を連れて山へ行き、ウサギ狩りをするようになったそうです。

それだけでなく、愛犬を連れながら都内の往復4㎞の散歩ルートを朝夕2回、1日8㎞程度は歩いていたともいわれます。

ホフマン医師の叔父への手紙には、こう書かれていました。

「食べ物は麦飯を少しずつ、鶏肉など脂が少ないものを食べ、なるべく米や穀物をとらないように。肉は脂になりにくく、穀物がいちばん脂になりやすい」

この指導を踏まえて、米を食べることを避けたようです。

ダイエットのやり過ぎが征韓論に影響を与えた？

このような糖質制限食や運動療法は、現代にも通じるダイエット法ですが、下剤を1日5回飲むことで、もともと胃腸が丈夫でなかった西郷隆盛の胃腸はさらに弱くなり、1日50回以上も便所に駆け込んだようです。

西郷が征韓論を掲げて朝鮮に行くと言い出したころは、体調不良や精神的異常が影響を与えていたという見方もあります。

もしそうであったとするなら、ホフマン医師の指導により過度な糖質制限をしたことや、大量の下剤服用により胃腸を弱めたことも影響した可能性があります。

リーダーとして重い責任や大事な役割を担うほどに、体を壊したときの影響は大きくなります。

とくに会社や部門・チームを引っ張っている実力のあるリーダーほど、体調を崩して倒れてしまうと、一気に組織がおかしくなることがあります。

だからこそ、会社のため、組織のため、部下のためにも、リーダーは健康第一である必要があります。そのため、明治天皇はホフマン医師を西郷のもとに派遣し、ダイエットをすすめたのでしょう。

しかし、健康第一でも、西郷のようにやり過ぎると逆効果になることもあります。

近年の糖質制限食ブームを背景に、私のまわりでもご飯やパスタ、スイーツ、清涼飲料水だけでなく、調味料に含まれる糖質まで厳密に管理して徹底的に避け、豆腐や納豆だけ食べているような人がいたりします。

しかし、過度な糖質制限は、精神面を不安定にさせるという報告もあるようです。もしかしたら、征韓論のころに西郷が体調不良や精神的異常を起こしていたのも、糖質制限が一因だったのかもしれません。

ダイエットとしては効果てきめんかもしれませんが、過剰な糖質制限により好きなものが食べられず、精神に支障をきたしては、リーダーとしての役割を担えません。

古代からリーダーとして大事な資質として「中庸《ちゅうよう》」（偏らずにバランスがよいこと）が重視されてきましたが、健康管理においても中庸が大事なのでしょう。

コラム6 ― 司馬遼太郎の歴史小説が歴史の興味を拓いた

私が本格的に歴史に興味を抱いたのは、広島での中学時代、国語の先生が司馬遼太郎の本を紹介してくれたことがきっかけでした。中学1年生の初めての国語の授業でのことです。

先生が「みなさん、勉強も大事ですが、本を読んでくださいね。私はこうやっていつもポケットに本を入れて歩いています」と、そのときポケットからとり出したのが司馬遼太郎著の文庫本『最後の将軍』でした。

江戸幕府最後の将軍・徳川慶喜を書いた本です。

まるでドラえもんの四次元ポケットからとり出したような文庫本『最後の将軍』に魅せられた私は、さっそくお小遣いを手に近所のスーパー内にある本屋に行って、買ったのです。

読んでみると、あまりに面白かったため、一気にハマり、中学から高校にかけては、怒涛のごとく司馬遼太郎の著作を読みあさりました。

まとめて数冊買おうとしたところ、本屋の店員さんに「この作家はそんなに面白いの？」と聞かれたことを覚えています。

司馬さんの著作でも、戦国時代であれば斎藤道三や織田信長を描いた『国盗り物語』、幕末であれば吉田松陰や高杉晋作を描いた『世に棲む日日』が私は好きですが、両著とも時代を変えようとする登場人物の突破力ある生き方にひかれたのです。また、徳川家康を描いた『覇王の家』『関ヶ原』『城塞』などを通じて家康への興味が高まりました。


そんなに大好きだった司馬遼太郎の著作も、大学に入学してから社会人になるまで、パッタリと読まなくなった時期がありました。

それは「主人公は正しく、敵対した相手は悪い」という勧善懲悪のような作風を感じたことにより、「片方だけが正しく、一方は悪いということはないだろう」という軽い反発を覚えたことがあったからです。

しかし、社会人になり、多少なりとも世の中でもまれるようになると、司馬遼太郎が数々の作品で表現している〝突破力のある生き方〟がいかに大切であり、たいへんなことなのかが身に染みてわかるようになってきました。

そして、表面的には勧善懲悪のように読める表現も、「突破力のある生き方を引き立てるためのものなのかな」と許容できる気持ちになってきたのです。

それからは再び司馬さんの本を読むようになりました。

歴史に興味を抱いてきたなかで、司馬さんの歴史小説だけでなく、歴史学者が書いた本も読んできました。いまはそのような本の読書量が圧倒的に多いです。本書の監修をお引き受けいただいた戦国史研究で有名で、NHK大河ドラマの時代考証も担当する歴史学者・小和田哲男先生が書かれた本も愛読しています。

ただ、司馬さんの本がなければ、今日まで長いこと歴史に興味をもっていなかったように思います。司馬さんは、私が21歳のときに亡くなりましたが、間違いなく私の人生で最も影響を受けた人物の1人です。本書の刊行にあたっては、司馬さんのお墓参りをしました。

数々の作品を通して司馬さんから教わったことを大事にしながら、今後も歴史から学んだことを活かしつつ、自分自身が成長するとともに、経営コンサルティングの現場でクライアント企業の発展に寄与していきたいと思います。

監修者より

本書は、実にタイムリーな企画であり、出版だと思っています。というのは、私自身もかねがね、うすうすではありますが、現代のベンチャー経営者や中間管理職が抱えている悩みは、歴史上のリーダーたちが抱えていた悩みと通ずるものがあると考えていたからです。

私は、色紙などの揮毫《きごう》を頼まれると、**「歴史を学び、歴史に学ぶ」**と書くことにしています。その過去の歴史上の人物の生き方から学ぶものが多くあると考えているからです。

難題に直面し、困難に陥ったとき、あきらめずにそれを乗り越えていった先人の叡智《えいち》に学ぶことが、歴史を学ぶことの大きな意味の1つと考えています。しかし、実際、現在のリーダーが直面している問題と歴史上の出来事とは乖離《かいり》が大きく、どこがどう参考になるのかわからないことが多々あります。

その点、本書の著者は現職の経営コンサルタントであり、実際のコンサルティングの経験が随所に鏤《ちりば》められていて、参考になることが多いように思われます。**机上の空論ではなく、実践経験に裏打ちされた「学び」が本書の最大の特徴であり、売りだとみています。**

本書を一読すれば明らかなように、著者は幅広く歴史の本を読んでいます。私自身は戦国時代が専門ですので、近世史や近現代史のことは、むしろ本書から学んだことが多くあったように思います。「よくこんなエピソードをご存じだな」と思った場面もいくつかありました。ただ、ないものねだりのようになりますが、『リーダーは日本史に学べ』と銘打つからには、**このエピソードはぜひ入れてほしかったと思う場面がありました**ので、最後にそのことをとり上げておきたいと思います。

1つは武田信玄の例です。信玄のことが詳しく書かれている『甲陽軍鑑』という本では、戦いに勝ったとき、信玄は「自分の采配がよかったから勝った」といわず、「**お前たちの働きがよかったから勝った」といって、部下たちの働きを褒めていた**ことがわかります。

人間、どうしても上に立つと、手柄を独り占めしたがる傾向がありますが、信玄は家臣たちの働きを評価していたのです。しかも、『甲陽軍鑑』のほかのところでは、「武士はほめるもそしるも、ふまへ所をもってさたするものなり」といっています。ただ褒めるのではなく、「どこがよかった」というところまで指摘していたことがうかがわれます。

もう1つはあまり有名な武将ではありませんし、どちらかというとローカルな史料ですので、著者の目には留まらなかったのかもしれませんが、リーダーを論ずる場合には落とすことができないのではないかと考えている事例をご紹介します。九州の肥前（佐賀）に鍋島直茂《なべしまなおしげ》という武将がいました。肥前の戦国大名、龍造寺隆信の重臣で、龍造寺氏衰退後、龍造寺氏に代わり織豊大名、そして近世大名として生き残った武将です。

その鍋島直茂が『直茂様御教訓ケ条覚書』（祐徳稲荷神社所蔵）という教訓書を遺しています。その第十七条に、原文のまま示すと、「以下の心を能量《よくはか》り、上に至而校量《いたりてこうりょう》し候はゞ、はづれ有り難く候」とあります。これを現代語訳すると、「**上に立つ者は、部下が何を考えているかを読みとって行動しなければならない**」といった意味でしょう。

さらに、第三十七条では、「**人は下程骨折候事、能知るべし**」とあります。これなどは現代語訳は不要でしょう。どうしても、上に立つと、下の者のことが見えにくくなるもので、このあたりは、昔も今も変わりがないと思われます。

リーダーが、「**部下も下になればなるほど骨が折れる仕事をしているんだ**」という認識を持っているか否かは、その組織が発展できるかどうかの分かれ目になるように思われます。

小和田哲男

おわりに

失敗し、悩んでこそ、名リーダーとなる

戦国時代の越前（福井）において名将として名が残っている朝倉宗滴《そうてき》（1477～1555年）が語ったことを家臣・萩原八郎右衛門尉宗俊がまとめたとされる『朝倉宗滴話記』に、次のような主旨の内容が記されています。

「名将という者は、一度大失敗をした者のことをいうのだ。自分は一生戦に勝ってばかりだったので、ついに負けるということがなかった。そのため、年はとってしまったが、自分を名将ということはできない」

一読すると、「自分は勝ってばかりだったけど、名将とはいえないのだよ」と謙遜のようにも読めますが、本質的には名将、つまり名リーダーとなるためには「大失敗をして負ける

こと」の大事さを伝えたいのではないでしょうか。

大失敗をして負けることにより、それまでよりもよいリーダーとなろうと深く悩み、とり組むので、人間としての深みが出るのでしょう。

本書でとり上げてきた歴史上の人物の多くは、名リーダーと評価されますが、決して順調な道を歩んできていません。むしろ人並み以上の苦境や逆境に直面していることが多いです。

そこで深く悩み、果敢に挑んできたからこそ、その後に大きな功績を残し、歴史に名を残してきたのです。


第一次木津川口の戦い（1576年）で敗れた織田信長は、それでもあきらめることなく、木造船に鉄板をはり、大砲を積み込む大型船を建造しました。それにより、第二次木津川口の戦い（1578年）で村上水軍に勝利し、最終的には石山本願寺に勝利しました。

主君の島津久光に「地五郎《じごろ》（薩摩弁で田舎者）」と言い放ったことで遠島（島流し）となり、生死の境をさまよった西郷隆盛は、その逆境をもって人格が磨かれ、明治維新を実現するリーダーの1人となりました。

朝倉宗滴が指摘した通り、名リーダーと呼ばれる人は、一度は大失敗をするものなのです。

現代のリーダーであるみなさんも、なにかに失敗し、苦境に直面して、深く悩むことになっても心配することはありません。むしろ、名リーダーとなるチャンスだと考えてほしいのです。

そんなとき、みなさんが苦境をはね返すヒントとして、同じような悩みを抱えた歴史上のリーダーたちが、どのように考え、どのように行動したのかを学んでほしいのです。

もちろん、遠い昔の人物の行動は、現代ではそのまま活かせない点もあります。そのため本書では、経営コンサルタントとしての現場経験から、現代のリーダーが歴史をどのように活用したらいいのかについて橋渡しさせていただきました。

じつは、私自身も、社会人として四半世紀以上過ごしてきたなかで、大きな失敗も経験したのですが、そのとき歴史上のリーダーの気持ちとつながるものもありました。

社会人になりたてのころ、上司に対して「こんなことは、わかって当然でしょう」と失礼な発言をしたことがあったのですが、これは西郷隆盛の「地五郎」発言と同様、傲慢なところがあったからです。

大手コンサルティング会社に勤めたころ、プロジェクトを率いる立場にあったにもかかわらず、思うように成果が出せず、またメンバーとの関係に悩んで、道半ばでプロジェクトを離脱したこともありました。これは本書234ページで触れた、江戸幕府最後の将軍・徳川慶喜の敵前逃亡と同じで、まさにリーダー失格でした。

また、短気ゆえに過度に怒ってしまい、その相手との人間関係が完全に切れることも、過去には多々ありました。これは織田信長に通じることであり、信長ほど苛烈ではないにせよ、その気持ちが多少わかり、反面教師にしました。

経営改善するコンサルティングのなかでも、170ページで触れた上杉鷹山による絹織物業の立ち上げや、178ページで触れた二宮尊徳の「報徳仕法」は、常に参考にしています。

本書を通して、現代のリーダーであるみなさんが歴史から学び、リーダーとしての悩みを解決するヒントを得て成長するきっかけになれば、著者としてこれほどの喜びはありません。

本書は私を育ててくれた亡き父と、郷里の広島で1人暮らしをしている母に献じます。

増田賢作

【参考文献】

『戦国武将の叡智　人事・教養・リーダーシップ』小和田哲男（中公新書）

『戦国武将の実力　111人の通信簿』小和田哲男（中公新書）

『保科正之　徳川将軍家を支えた会津藩主』中村彰彦（中公新書）

『「奥州の竜」伊達政宗　最後の戦国大名、天下人への野望と忠誠』佐藤貴浩（角川新書）

『「太平洋の巨鷲」山本五十六　用兵思想からみた真価』大木毅（角川新書）

『マンガ日本の歴史（34）』石ノ森章太郎（講談社）

『西郷隆盛　維新150年目の真実』家近良樹（NHK出版新書）

『偉人たちの健康診断　歴史に学ぶ健康法』
NHK「偉人たちの健康診断」制作班・編（マガジンハウス）

『100分 de 名著　司馬遼太郎スペシャル
国盗り物語、花神、「明治」という国家　この国のかたち』磯田道史（NHK出版）

トウシル楽天証券 HP
「＃２：維新の原動力となった長州藩の石高以上の財力 ★ 明治維新タイムトリップ」
https://media.rakuten-sec.net/articles/-/13155

【著者】
増田賢作（ますだ・けんさく）
歴史通の経営コンサルタント。小宮コンサルタンツ コンサルティング事業部長・エグゼクティブコンサルタント。1974年、広島市生まれ。早稲田大学法学部卒業後、生命保険会社、大手コンサルティング会社、起業を経て、現在に至る。小学1年生のころから偉人の伝記を読むのが好きで、徳川家康などの伝記や漫画を読みあさっていた。小学4年生のとき、両親に買ってもらった「日本の歴史」シリーズにハマり過ぎて、両親からとり上げられるほどだった。中学は中高一貫の男子校に進学。最初の授業で国語の先生に司馬遼太郎著『最後の将軍』をすすめられたことをきっかけに、中学・高校で司馬遼太郎の著作を読破し、日本史・中国史・欧州史・米国史と歴史書も読みあさる。現在は経営コンサルタントとして経営戦略の立案・実践や経営課題の解決を支援するなど、100社以上の経営者・経営幹部と向き合い、歴史を活かしたアドバイスも多数実践してきた。本作が初の著作となる。eメール：masuda@komcon.co.jp

【監修者】
小和田哲男（おわだ・てつお）
戦国時代史研究の第一人者。ＮＨＫ大河ドラマ「秀吉」「功名が辻」「天地人」「江～姫たちの戦国～」「軍師官兵衛」「おんな城主 直虎」「麒麟がくる」「どうする家康」の時代考証を担当。また、NHK「歴史探偵」やＥテレ「先人たちの底力 知恵泉」など歴史番組でのわかりやすい解説には定評がある。1944年、静岡市生まれ。早稲田大学大学院文学研究科博士課程修了。静岡大学教育学部教授を経て、同大学名誉教授。文学博士。公益財団法人日本城郭協会理事長。専門は日本中世史。戦国武将に関する著書多数。

リーダーは日本史に学べ
武将に学ぶマネジメントの本質34

2024年6月11日　第1刷発行
2024年7月31日　第3刷発行

著者　増田賢作
監修　小和田哲男
発行所　ダイヤモンド社
〒150-8409　東京都渋谷区神宮前6-12-17
https://www.diamond.co.jp/
電話／03-5778-7233（編集）　03-5778-7240（販売）

装丁　小口翔平＋後藤司（tobufune）
本文デザイン　大場君人
企画協力　ブックオリティ
イラスト　塩井浩平
校正　三森由紀子
製作進行　ダイヤモンド・グラフィック社
印刷・製本　三松堂
編集担当　斎藤順

ISBN 978-4-478-12039-2